La risposta è l'Amore

Swamini Krishnamrita Prana

Mata Amritanandamayi Center, San Ramon
California, Stati Uniti

La risposta è l'Amore
di Swamini Krishnamrita Prana

Pubblicato da:
   Mata Amritanandamayi Center
   P.O. Box 613
   San Ramon, CA 94583
   Stati Uniti

© 2015 Mata Amritanandamayi Mission Trust, Amritapuri, Kerala 690546, India

Tutti i diritti riservati. Ogni riproduzione, archiviazione, traduzione o diffusione, totale o parziale, della presente pubblicazione, con qualsiasi mezzo, con qualsiasi scopo e nei confronti di chiunque, è vietata senza il consenso scritto dell'editore.

Prima edizione a cura del MA Center: agosto 2016

In Italia: www.amma-italia.it

In India:
   inform@amritapuri.org
   www.amritapuri.org

Indice

1. L'incarnazione dell'amore puro — 7
2. Una cultura basata sull'altruismo — 15
3. L'amore guarisce ogni ferita — 21
4. La farfalla della compassione — 31
5. L'amore di Dio in forma umana — 39
6. Fresca come una rosa — 47
7. La sadhana più alta — 55
8. Il segreto della felicità — 65
9. Amare Amma in ogni persona — 73
10. Il distacco è amore mascherato — 81
11. Creare la libertà interiore — 91
12. Per sempre principianti — 99
13. I mostri della mente — 107
14. Amma dissolve ogni negatività — 115
15. Il servizio disinteressato attrae la Grazia — 123
16. Il Divino si prenderà sempre cura di noi — 131
17. Trovare il nostro vero dharma — 139
18. Avere un po' di fede — 149

L'argomento di stasera è l'amore,
E anche quello di domani sera.
In realtà, non conosco un tema migliore
di cui discutere, fino alla nostra morte.
— Hafiz

Capitolo 1

L'incarnazione dell'amore puro

"Quando realizzerete quanto tutto sia perfetto, piegherete la testa all'indietro e riderete guardando il cielo".

– Buddha

Amma ci esorta spesso a non dire "Ti amo" bensì "Io *sono* amore". Questo è uno dei cardini dei suoi insegnamenti ma, in realtà, cosa significa *essere* amore? Non è possibile capire davvero il concetto di amore solo con le parole; tuttavia, se lasciamo che l'innocenza e la compassione riempiano il nostro cuore, potremo farne l'esperienza. Se osserviamo Amma con umiltà e con un cuore aperto, possiamo riuscire a entrare in sintonia con l'essenza del suo messaggio.

Quando nel nostro cuore c'è amore puro, non c'è separazione: tutto diventa semplicemente uno. Siamo tutti alla ricerca di questo amore che non è poi così lontano; al contrario, è già presente in ognuno di noi, in paziente attesa. Diventare amore è la ragione della nostra esistenza ma trascorriamo molto tempo cercando all'esterno e rincorrendo qualunque altra cosa senza mai sentirci completamente appagati. Amma ci esorta ad abbandonare le nostre negatività e a immergerci nel puro amore che è rinchiuso nel nostro cuore. Facile a dirsi, ma difficilissimo a farsi.

Amma è come un fiume traboccante di bontà. La sua grandezza non consiste solo nell'aver raggiunto lo stato supremo della realizzazione di Dio, ma nell'essere andata al di là, per abbracciare una vita di compassione incondizionata. Esprimere amore è nella natura di una madre.

Ricordo un giorno in cui ero in macchina con lei: voltandosi verso di me, mi accarezzò la spalla con molto affetto, come a dirmi: "Desidero soltanto farti sapere che ti voglio bene". Non c'era un particolare motivo per il suo gesto, a volte la sua dolcezza trabocca talmente che

L'incarnazione dell'amore puro

non riesce a contenerla. Un'altra volta mi fece chiamare e iniziò a parlarmi di qualcosa. Dopo un po' disse: "Ora puoi andare, non ti vedevo da alcuni giorni, volevo soltanto rivedere il tuo viso". Amma desidera rendere felici tutti in un modo o nell'altro, ecco perché non ho mai cercato di attrarre la sua attenzione: so che Amma mi darà tutto quello di cui io abbia davvero bisogno.

Quando il catalizzatore dell'amore riempie il nostro cuore, esso trabocca di compassione. In molte occasioni, l'ho sentita dire: "Il mio cammino non ha come fine la liberazione (*moksha*). Il mio cammino è amare e servire il mondo".

All'inizio queste parole mi confondevano e pensavo: "Come posso condividere con altri questa affermazione? Rimarrebbero delusi perché ritengono che *moksha* sia lo scopo della vita". Poi udii la seconda parte del discorso.

"Il cammino del *sannyasin* (monaco) è quello in cui ci si dimentica della propria liberazione. Un san- nyasin dovrebbe essere pronto a scendere all'inferno per elevare tutti gli altri, dimenticando se stesso". Capii allora che Amma si stava riferendo all'ideale più alto a cui possiamo aspirare: attuare la compassione.

Non dovremmo svolgere le pratiche spirituali per la nostra emancipazione personale, ma piuttosto per amare e servire il mondo: questo è il cammino più alto. Che la nostra preghiera non sia: "Donami la liberazione", ma piuttosto: "Aiutami ad accettare la volontà divina e a servire il mondo come posso".

La compassione è la nostra vera natura. Sfortunatamente, nella maggior parte delle persone essa giace assopita nel profondo, irraggiungibile e coperta da ogni sorta di sporcizia. Se vogliamo cogliere la vera natura dell'amore, avere non dovrebbe essere lo scopo della nostra vita, dovremmo anche imparare a dare. Invece di focalizzarci sul ricevere, sforziamoci, per quanto possiamo, di mostrare compassione verso gli altri. Se vogliamo diventare degli esseri umani evoluti, dovremmo provare e mostrare comprensione per chiunque, offrendo aiuto in ogni modo possibile. Essere compassionevole è la filosofia di Amma: lei stessa pratica l'amore e la compassione verso tutti e ci insegna ogni giorno attraverso il suo esempio.

Nessuno può immaginare quanto lei desideri davvero renderci felici. Il suo fine è rimuovere

L'incarnazione dell'amore puro

le pene di chi soffre. Ogni sua singola azione è puro *seva*: servizio per amore della compassione.

Amma conduce una vita di estrema austerità, un'austerità che nasce dall'amore. Anteponendo sempre le necessità degli altri ai propri bisogni, non mangia finché non si è donata completamente nel servizio disinteressato. Mentre la maggior parte delle persone fa almeno due o tre pasti al giorno, Amma mangia solo una volta e non tutti i giorni. Non fa mai colazione e inizia a dare il *darshan* verso le dieci o le undici del mattino (tradizionalmente darshan significa "visione" di un santo ma Amma dà la sua benedizione con un abbraccio). Dopo aver digiunato per tutto il giorno e per tutta la notte, mangia solo quando rientra nella sua stanza, spesso dopo mezzanotte se il darshan si è svolto nell'ashram. Quando viaggia, i suoi programmi terminano generalmente alle tre o alle quattro del mattino, a volte più tardi, e anche in questo caso Amma non rompe mai il digiuno.

Amma dorme raramente più di un paio d'ore per notte e ci sono molte notti in cui non dorme affatto. Trascorre ogni momento pensando a come servire, abbracciando le persone o leggendo le centinaia di lettere che riceve ogni giorno. Gestisce personalmente gli innumerevoli progetti caritatevoli, gli ospedali, gli orfanotrofi e le scuole che ha fondato, dà consigli ai devoti e risponde alle loro domande. Amma ha ascoltato problemi di milioni di persone, e si è resa disponibile per ognuno di loro in ogni modo possibile. Ha sempre seguito il sentiero *dharmico* (retto, virtuoso) del sacrificio e del servizio ispirato dall'amore.

Questa è la sua vita: donare, semplicemente.

È Amma a venerare ogni singola persona che va da lei e non il contrario. Alcuni hanno creduto erroneamente che lei desideri essere adorata, ma questo non corrisponde alla verità ed è assurdo pensarlo se si guarda come vive. Amma è presente in mezzo alla gente per ore ed ore ogni giorno, a prescindere da come si senta: questo è un grandissimo sacrificio.

Per tutto il giorno e fino a notte fonda, Amma viene toccata e afferrata da una moltitudine di persone, non si concede né cibo né una pausa per andare in bagno. La maggioranza delle persone penserebbe che tutto questo sia un'orribile punizione. Ascoltare ripetutamente le stesse

L'incarnazione dell'amore puro

lamentele, domande e richieste, centinaia di volte al giorno, ci farebbe sicuramente impazzire. Eppure, da quarantacinque anni, Amma offre se stessa con amore e gioia a tutti quelli che le si avvicinano.

Amma incarna la vera devozione: vede il Divino in ognuno di noi e rende omaggio a Dio attraverso il servizio, la compassione e l'empatia. Grazie alla forza dell'amore puro e autentico, può donarsi continuamente e compiere imprese sovrumane.

Nel mondo di oggi non troverete un altro *Mahatma* (grande anima) come Amma. Nella storia non c'è mai stato nessuno che abbia donato così tanto amore, grazia e compassione al mondo. Amma racchiude in sé l'essenza del Divino. Non importa quanto lontano voi cerchiate, nessun altro maestro ha mai manifestato una tale saggezza, gioia e allegria.

Dimostrando al mondo cosa si può fare quando si è lasciato entrare il Divino nel proprio cuore, Amma dice: "L'amore è già dentro di voi, si tratta solo di cambiare atteggiamento: non siete come un lampione, ma come un trasformatore in grado di generare tantissima elettricità;

non siete una candela che ha bisogno di essere accesa, ma il sole che risplende di luce propria".

Amma ci ricorda costantemente che anche in noi c'è una scintilla divina d'amore puro che aspetta di essere accesa e di poterci trasformare. Dobbiamo solo continuare ad alimentarla finché non diventerà un enorme fuoco che distruggerà le nostre negatività e porterà luce al mondo.

Capitolo 2

Una cultura basata sull'altruismo

"L'importante non sono le grandi imprese ma un grande amore. La santità è fatta di quotidianità".

— *S. Teresa di Lisieux*

In diverse occasioni, Amma ha affermato che sua madre è stata il suo guru e ci ha ripetuto spesso che sua mamma personificava i valori tradizionali dell'amore e del sacrificio: "Io vi dico di amare gli altri come voi stessi, ma Damayanti Amma (la madre di Amma, N.d.T.) metteva in pratica questo principio".

Quando Amma era bambina, gli abitanti del villaggio non accendevano un fiammifero o una lampada in ogni casa. La lampada veniva accesa in una sola casa e tutti vi si recavano con un guscio di cocco e uno stoppino per accendere con questa fiamma la loro lampada. Sua madre le insegnò che, quando andava dai vicini per accendere la sua fiamma, doveva sempre verificare se avessero bisogno di qualcosa. Se c'erano dei piatti sporchi doveva lavarli, spazzare poi il pavimento e offrire ogni aiuto possibile. Solo allora, e non prima, poteva accendere il suo stoppino. Con questi insegnamenti, Damayanti Amma esemplificava i valori che governavano la vita del villaggio e che hanno caratterizzato l'educazione di Amma.

Nel suo villaggio natale, la fonte di sussistenza era la pesca. La struttura economica non era basata sulla relazione lavoratore/datore di lavoro ma piuttosto sull'aiuto da parte della comunità e sulla condivisione. Ognuno si prendeva cura dell'altro, persino a discapito del proprio profitto e guadagno. La cooperazione prevaleva sempre sulla competizione. Quando Amma era piccola, i valori relativi al lavoro e al denaro erano più incentrati sulla condivisione di quanto lo siano oggi.

Nel villaggio in cui viveva la famiglia di Amma, la maggior parte degli uomini erano pescatori. Quando tornavano dal mare, vendevano il pesce e distribuivano equamente il settantacinque percento del ricavato tra tutti quelli che li avevano aiutati. Tenevano una piccola parte anche per le vedove e gli anziani che non erano in grado di badare a loro stessi. Chi era nel bisogno non doveva chiedere nulla perché c'era sempre qualcosa per lui. Gli spiccioli venivano distribuiti ai bambini perché si comprassero delle caramelle.

Questo atteggiamento di condivisione animava la vita del villaggio. Anche quando il padre di Amma non pescava nulla, sua madre metteva da parte una porzione per i vicini nell'eventualità che non avessero da mangiare. La sua famiglia si faceva bastare il poco che aveva in modo che i figli dei vicini non patissero la fame.

Tradizionalmente, se qualcuno si recava a casa di altri, riceveva del cibo. Per questo motivo, ci si assicurava di non fare visita a una famiglia se non si era certi che tutti i suoi membri avessero già mangiato. Il padrone di casa avrebbe certamente insistito per offrire del cibo ai suoi ospiti e non si voleva mettere a disagio nessuno, nel caso in cui non ce ne fosse abbastanza. Gli abitanti del villaggio pensavano sempre agli altri prima che a se stessi, questo atteggiamento faceva parte del loro modo di essere. Amma dice che a quei tempi era questa essenza d'amore a tenere unite le famiglie e le comunità.

In occasione di un matrimonio o di una festività, le persone offrivano spesso ad altri i loro vestiti migliori affinché li indossassero. Se si celebrava un matrimonio in una famiglia, tutti i vicini contribuivano alle spese. Le donazioni venivano registrate su un libro e questi favori venivano ricambiati successivamente. Non si accumulava nulla perché si viveva davvero nel momento presente. Non si pensava a risparmiare denaro per l'avvenire. Le persone non avevano conti in banca ma vivevano molto semplicemente, giorno dopo giorno. Questo sistema funzionava perché tutti erano disposti a prendersi cura degli altri.

Quando Amma era giovane, la sua famiglia e tutta la comunità irradiavano un amore vero che veniva dal cuore. La sua infanzia è stata semplice e innocente. Quando i bambini giocavano, tutti badavano a loro, nessuno pensava come accade oggi: "Io sono responsabile dei miei figli e tu dei tuoi". Al contrario, ogni bimbo veniva nutrito e curato dagli adulti del villaggio. I fratellini e le sorelline di Amma correvano e giocavano con gli altri bambini, salivano assieme sugli alberi di mango e nuotavano nelle acque della laguna. Ogni giorno era come una festa, c'era un senso di vicinanza tra i membri della famiglia e gli abitanti del villaggio.

Non c'era molta ricchezza materiale ma un'immensa ricchezza d'amore. Da bambina, Amma riceveva ogni anno solo due cambi di vestiti, uno per la festività di Onam e l'altro all'inizio dell'anno scolastico. Questi abiti dovevano durare per tutto l'anno.

Di recente, Amma ha tenuto un *satsang* (discorso spirituale) sulla povertà a un ragazzino che le sedeva accanto durante il darshan, facendogli notare che, sebbene vivesse in India, non aveva idea di come la maggior parte della gente lottasse per sopravvivere, poiché viveva nel lusso. Amma aveva proseguito dicendo che quando era piccola non aveva giocattoli, ma amici. Lui invece aveva molti giocattoli, ma quanti buoni amici? Un'altra volta, Amma, vedendo alcuni bambini giocare nella sabbia, ha osservato tristemente:

"In passato i bambini avevano tanta innocenza, ora invece hanno le case delle bambole".

Amma loda le madri che trasmettono ai propri figli il *samskara* (cultura) dell'altruismo perché, così facendo, instillano valori positivi nella loro famiglia e nella società. Questi valori aiuteranno a salvaguardare il futuro. Amma ha ricevuto in famiglia questo *samskara* ma spesso questa preziosa cultura manca alla generazione presente.

Capitolo 3

L'amore guarisce ogni ferita

"Alla fine, nulla di ciò che facciamo o diciamo nella vita sarà importante quanto l'amore che ci siamo donati l'un l'altro".

– Daphne Rose Kingman

I primi tempi, quando sedevo vicino ad Amma facendole delle domande, pensavo che dovessimo imparare da lei qualità come il distacco o la rinuncia, ma lei continuava a esortarmi ad aspirare all'Amore. Quando l'ho incontrata per la prima volta, pensavo raramente all'amore. In quel momento, mi sentivo finalmente pronta a iniziare una "vera" vita spirituale e ambivo a qualcosa di superiore; Amma però continuava a insegnarmi che la forza dell'amore è la più grande al mondo. Con l'amore possiamo fare qualsiasi cosa. Alla fine, sarà l'amore a guarire ogni ferita di questo mondo.

Tutte le imprese grandiose sono state possibili solo perché fondate sull'amore, sulla dedizione e su un atteggiamento positivo. Se un bambino si ammala e deve essere ricoverato in ospedale, i genitori resteranno svegli per giorni e giorni, seduti accanto a lui. L'amore può portare il corpo ad andare oltre i propri limiti e darci la forza per superare qualsiasi difficoltà e ostacolo che si possono presentare nella nostra vita. Se riusciamo a sviluppare in noi il vero amore, scopriremo che tutto è possibile.

In Svizzera c'è un bambino affetto dalla sindrome di Down che quando era molto piccolo chiamava "mamma" solo Amma. Non si rivolgeva mai a sua madre con questo nome. Ora che è un po' più grande ed è in grado di camminare, durante la meditazione resta spesso seduto vicino ad Amma, sul *pitham* (il seggio su cui siede il Guru). Quando inizia il darshan e suo padre si avvicina per prenderlo in braccio, di solito gli chiedo: "Papà o Amma?" Sceglie sempre Amma e corre verso di lei".

L'amore guarisce ogni ferita

Alla fine del darshan, spesso Amma lo invita a restare per un po' nella sua stanza. Mentre sale le scale, porta il bambino in braccio, anche se è molto pesante. Io mi offro di aiutarla, ma Amma insiste sempre per tenerlo, dicendo: "Non è poi così pesante, non pesa molto".

"Amma, ma è davvero mooolto pesante!", protesto.

Amma mi smentisce: "No, non lo è!" Questo è il suo modo di sentire: l'amore rende tutto leggero.

Recentemente, una ragazza ha raccontato quanto fosse preoccupata perché il suo ego occupava così tanto spazio che non riusciva a contenerlo. Era allarmata al pensiero di non riuscire a realizzare Dio a causa dei suoi troppi difetti. Le dissi la pura verità: non importa quanto grande sia il nostro ego o quanto indomabile ci sembri la nostra mente, l'amore di Amma è sempre più grande e più potente. Non vale la pena di preoccuparsi, ci penserà lei: il suo amore penetrerà e guarirà ogni cosa.

Quando la osserviamo, vediamo che la forza dell'amore guarisce ogni tipo di ferita, indipendentemente da quanto profonda essa sia. L'amore è la medicina più potente del mondo, è come una terapia endovenosa a cui dobbiamo sottoporci ininterrottamente e per molto tempo. Anche se a volte può sembrare che essa operi lentamente, siate certi che la forza dell'amore è in grado di distruggere l'ego. Questo non significa che Amma guarirà sempre il nostro corpo o che ci darà esattamente quello che vogliamo. Se però crediamo nella sua grazia, il nostro cuore si aprirà e ritroveremo l'amore che è già presente dentro di noi. Il potere di un Mahatma è più grande di quello dell'ego.

Recentemente, a una devota è stato diagnosticato un tumore maligno. Sono stati la grazia e l'amore di Amma a trasformare lo spaventoso processo della morte in un'esperienza bellissima e liberatoria, in una celebrazione della vita. Questa donna è stata una grande fonte di ispirazione per molti di noi che viviamo ad *Amritapuri* (l'ashram di Amma in India), così l'ho incoraggiata a scrivere i suoi sentimenti.

> "Aver ricevuto la diagnosi di una malattia terminale mi ha rivelato che gli insegnamenti di Amma, la sua presenza e il suo continuo e paziente amore mi

hanno dato gli strumenti necessari per esplorare nuovi regni dell'unica e immutabile verità. Ho smesso di preoccuparmi di vivere e ho iniziato a essere più attenta nel presente. Questa diagnosi ha trasformato gli insegnamenti di Amma in una pratica di vita che scaturisce dal mio cuore piuttosto che in un esercizio astratto della mente. Nel mio cuore ora ci sono silenzio e pace, per la prima volta posso percepire il mio vero Sé. Apprendendo la notizia, un amico mi ha detto che sapere quando morirò è un grande dono, una benedizione. Sono sicura che è così. Grazie Amma, che mi stai aiutando a esplorare la mia vera natura.

Per molti anni mi sembrava di avere nel fegato un grande buco nero di rabbia e così, quando l'ho visto davvero con la TAC, non sono stata affatto sorpresa. Durante la prima settimana ero molto, molto arrabbiata. Mi dicevo che vivere non era poi così meraviglioso, visto che in vari momenti della mia vita ero stata travolta dalla depressione e dalla collera per motivi a me sconosciuti. Pensavo che i numerosi anni trascorsi come infermiera in una struttura per malati terminali mi avrebbero aiutata ad accettare razionalmente quello che mi aspettava.

Dopo questa prima difficile settimana, mi sono arresa alla diagnosi. Da allora, non ho più avuto sentimenti di collera, depressione o paura. Questo è stato il primo segno della grazia che ho notato, e di questo sono molto grata. Un altro devoto mi ha ricordato che la grazia è un flusso continuo sempre presente, al quale dobbiamo semplicemente rimanere aperti. Nel profondo del mio cuore, mi sono completamente abbandonata e ora accetto l'amore infinito e incondizionato di Amma e tutto quanto ne consegue. Trovo questo viaggio eccitante, divertente e molto felice".

L'amore può risolvere tutti i problemi del mondo. Forse questo non accadrà in una notte, potranno volerci degli anni. L'amore di Amma non è sempre una cura miracolosa, anche se può esserlo. La guarigione richiede uno sforzo enorme da parte nostra: trasformare le nostre negatività e cercare in noi l'amore può essere una grande sfida.

Amma racconta spesso la storia di un ragazzino che, vedendo del vomito per terra, corse a pulirlo, mentre tutti facevano finta di niente. Anche dopo alcune ore, quella sera la mente di Amma continuava a tornare a lui. Il suo gesto era stato piccolissimo. Ogni giorno ci sono persone che puliscono per ore, ma è per questo che Amma pensa a loro? Forse sì, forse no. Era stato l'atteggiamento altruista del ragazzo a spingere Amma a ripensare continuamente a lui.

Un giorno mi sono comportata allo stesso modo. Stavo assistendo al programma assieme a un'altra donna quando, all'improvviso, una bambina ha vomitato. Siamo corse entrambe dove si trovava la bimba e io ho detto: "Pulisco io".

L'altra donna ha ribattuto: "No, no, voglio pulire io".

"No", ho insistito, "lo voglio davvero fare io" e abbiamo continuato a discutere su chi sarebbe stata l'altruista che avrebbe avuto l'opportunità di pulire. Alla fine, abbiamo pulito insieme sentendoci estremamente fiere di noi stesse. Mentre pulivamo, ci chiedevamo dove fosse finita la mamma della bambina. Avrebbe dovuto essere *lei* a voler pulire! Dubito che la grazia di Amma fluisse molto in quel momento, ma è stato un episodio divertente.

Nonostante tutti i nostri errori, Amma ci aspetta pazientemente, sapendo che l'amore puro è la risposta a tutto. Continua a perdonare, ad amare e ad offrirci un esempio perfetto da seguire, indipendentemente da quello che pensiamo o diciamo di lei. Anche quando qualcuno ha cercato di ferirla, Amma ha sempre risposto perdonando e amando.

Amma sa che c'è poco amore in questo mondo. L'amore è ciò per cui siamo nati ma raramente riusciamo a farne l'esperienza. Amma desidera vederci saltare di gioia e d'amore ed è per questo che ci dona così tanto della sua vita e della sua energia, per aiutarci a trovare l'amore che stiamo cercando.

Non ci sono parole in grado di descrivere l'apice dell'esistenza umana, lo stato verso cui lei ci sta guidando. Amma dimora là, nella beatitudine, eppure è sempre pronta a sacrificarsi e a scendere al nostro livello per elevarci.

Capitolo 4

La farfalla della compassione

"La santità non è l'esclusiva di un santo, la santità è una nostra responsabilità. Siamo fatti per essere santi".

– *Madre Teresa*

Il meteorologo e matematico Edward Lorenz cercò per molti anni di presentare la propria ipotesi scientifica ad altri ricercatori. Egli ipotizzava che anche il leggero battito delle ali di una farfalla potesse generare un gigantesco uragano dall'altra parte del mondo.

I suoi colleghi non nascosero le loro perplessità ma alla fine, dopo più di trent'anni, la sua ipotesi fu accolta come una legge scientifica autentica ed ora il mondo accetta questa teoria che viene comunemente chiamata "effetto farfalla". Allo stesso modo, se diffondiamo un po' di gentilezza e di compassione intorno a noi, si possono generare delle reazioni straordinarie, che non avremmo mai immaginato, in tutto il mondo.

A Trivandrum, durante il tour dell'India del sud, una grande farfalla bianca e nera si presentò al programma del mattino. La osservai dal palco mentre si posava per qualche secondo di persona in persona. Si posò sulla testa di un uomo e poi sull'estremità degli occhiali di un altro. Quest'ultimo, divertito, sembrò trattenere il respiro, chiedendosi quanto a lungo sarebbe rimasta. Egli sentiva chiaramente che la farfalla era un segno di buon auspicio. Ogni persona che fu toccata dalla farfalla ne percepì il tocco santificante. Anche quelli che stavano a guardare si sentirono benedetti in quanto testimoni dell'evento.

La vita di una farfalla è breve ma meravigliosa. Con i suoi piccoli gesti colmi di bellezza, dona tantissima gioia ovunque si posi. Se una farfallina riesce a rallegrare la nostra vita con un piccolo battito d'ali, pensate a quanta gioia potremmo diffondere nel mondo. Per creare

La farfalla della compassione

questo "effetto farfalla" non c'è bisogno di compiere grandi imprese. Ogni nostra buona azione, per quanto modesta possa sembrare, può avere un eccezionale effetto cumulativo. Allo stesso modo, le azioni gentili di Amma non hanno limiti, lei va oltre la nostra comprensione e l'onda che genera si propaga in tutto il mondo.

Il suo amore e la sua attenzione si estendono a tutti noi su diversi livelli. Amma è attenta a ogni piccolo dettaglio, si assicura che le persone siano felici e abbiano la sensazione che qualcuno si stia prendendo cura di loro. Quando arriva sul palco all'inizio di un programma, Amma si guarda sempre intorno per accertarsi che tutti si siano sistemati comodamente, si preoccupa che venga offerta una sedia a chi è in piedi e chiede di spostare eventuali cartelli che potrebbero impedire la visuale. Chi ha bisogno di assumere farmaci o ha particolari necessità riceve dei biglietti prioritari per il darshan. Amma si preoccupa costantemente delle necessità di chi le sta intorno. Non c'è mai stato un personaggio pubblico che abbia mostrato così tanta attenzione verso gli altri e così poca verso di sé.

Il bellissimo messaggio che Amma cerca tacitamente di trasmetterci con la sua sollecitudine è che dovremmo pensare prima agli altri e poi a noi stessi. Il suo più piccolo gesto può avere un impatto enorme, se riusciamo a leggere i messaggi sottili di ogni sua azione.

Amma ci ricorda che, ovunque ci troviamo, la natura del miele non cambia: il miele è sempre dolce, così come il fuoco è sempre caldo. Allo stesso modo, anche la pace e la compassione sono qualità universali immutabili ovunque. Tutti vogliono sentire la loro dolcezza e il loro calore. Amma dice che se le nostre azioni non sono impregnate di compassione, anche l'amore rimarrà soltanto una parola nel dizionario. Senza la compassione, non sentiremo mai la dolcezza di questo sentimento.

Diffondere la compassione è il messaggio e la missione di Amma, ciò di cui il mondo ha veramente bisogno e che desidera ardentemente per guarire. Amma vorrebbe che tutti fossero toccati dalla compassione, indipendentemente dalla loro lingua, cultura, nazionalità o religione. Sa che, per curare le ferite del passato e andare avanti, dobbiamo aprire il nostro cuore all'amore.

Una donna aveva perso tragicamente suo figlio ed era distrutta dal dolore. Al funerale, molte persone cercarono di consolarla anche se non sapevano cosa dire. Un uomo imponente si avvicinò tranquillamente alla madre affranta e, senza una parola, le prese la mano. Una lacrima dell'uomo cadde silenziosamente sulla mano della donna. Il sentimento dell'uomo, offerto in silenzio, con gentilezza sincera e vera compassione, la confortò più di ogni gesto o parola.

Stando con Amma, a volte mi è capitato di trovarmi accanto a dei famigliari in lutto e ho pensato di doverli consolare parlando con saggezza del ciclo di nascita e di morte. Invece di dare simili consigli, Amma li stringe semplicemente a sé e dice: "Shh, va tutto bene, non piangere". A volte non riesce ad aggiungere altro. Li abbraccia stretti, li conforta e loro piangono tra le sue braccia mentre lei piange con loro. Amma non ha mai detto: "Doveva accadere" o "Era giunta la sua ora". In quei momenti di immenso dolore, Amma offre semplicemente la sua compassione. Tiene stretto a sé chi piange e asciuga le sue lacrime, diventando tutt'uno con il suo dolore.

Una volta, durante il tour dell'India del nord, ci fermammo lungo la strada, vicino a un piccolo villaggio. Alcune donne decisero di fare una passeggiata. Mentre passavano davanti a una piccola abitazione, videro una donna giovane e bella dall'aria triste. Conoscendo un po' di hindi, si misero a parlare con lei.

La donna raccontò loro la sua storia: si era sposata all'età di otto anni e a tredici era rimasta incinta. Suo marito era morto ubriaco e così ora, a ventisei anni, lei stava crescendo da sola la figlia tredicenne. Nella sua vita non aveva mai provato la felicità e la condizione delle altre donne del villaggio era identica alla sua. Sposate quando erano ancora delle ragazzine, erano infelici e non avevano nessuna speranza per il futuro. Storie simili non sono rare, soprattutto nei paesi emergenti.

Non sono solo i poveri, seduti nelle capanne del loro villaggio, a piangere. Amma ha incontrato anche molte persone benestanti che vivono in palazzi lussuosi e conducono un'esistenza vuota ma piena dello stesso intenso dolore.

La farfalla della compassione

Ognuno cerca almeno un po' di felicità nella vita. Nella sua immensa compassione, Amma ha dedicato la sua vita ad alleviare la sofferenza in tutto il mondo.

Capitolo 5

L'amore di Dio in forma umana

"Ogni volta che ricordate chi siete realmente, portate più luce nel mondo".

— *Anonimo*

Osservando Amma, vediamo l'espressione tangibile dell'amore di Dio. In realtà, non è possibile comprendere la Potenza Divina ma, nel corso della storia, le qualità divine si sono manifestate nella vita di quelle rare grandi anime che hanno realizzato Dio. Noi ammiriamo e rendiamo omaggio a questi Mahatma perché con la loro esistenza hanno incarnato qualità sacre come l'amore, la compassione, il distacco e il perdono.

Amma ha trovato la fonte dell'amore divino e desidera condividere questo tesoro con noi. Il suo scopo è guidarci verso lo stato dell'amore supremo. Per conoscere le verità più alte, possiamo studiare le Scritture e leggere libri spirituali, ma è solo osservandola che potremo vedere realizzate queste verità.

Il pensiero di Amma è sempre rivolto al benessere degli altri, non si preoccupa mai di se stessa o del proprio comfort e, contrariamente a quanto la maggior parte di noi tende a fare di solito, ha scelto di vivere in questo modo.

Durante i tour dell'India settentrionale, che avvengono solitamente ogni anno, attraversiamo tutto il paese, dal sud al nord, muovendoci sempre su strada. È molto scomodo percorrere quelle strade sconnesse e nel camper veniamo sballottati di qua e di là. Così l'abbiamo scherzosamente soprannominato "lavatrice", perché mentre viaggiamo abbiamo la sensazione di essere rigirati nel cestello di una lavatrice con selezionato il programma per il bucato molto sporco. Se non siete mai stati dentro una lavatrice, non sapete come sia ritrovarsi in questo vortice... e non si tratta sicuramente del ciclo della biancheria delicata!

L'assistente di Amma è sempre molto premurosa e, non appena qualcuno entra nel camper, gli chiede: "Vuoi qualcosa per la nausea?", porgendo un rimedio a chiunque viaggi con noi. Le persone salgono sempre allegramente a bordo, aspettandosi qualcosa di meraviglioso, ignari di quello a cui vanno incontro.

Non appena saliamo sul camper, talvolta mi chiedo: "Chi sarà la vittima del giorno?"

Spesso le persone pensano con invidia: "Oh, che lusso dev'essere viaggiare in camper!" La verità è invece che siamo bloccati in questa lavatrice e sbattuti ovunque... Le cose non sono mai come sembrano. Non vale la pena di invidiare nessuno.

Il camper ha due letti ma Amma non li usa, vuole che ci dormiamo noi e insiste per sdraiarsi per terra su una coperta sottilissima. Il resto dell'arredamento è stato tolto, non c'è neppure una sedia su cui appoggiarsi o sedersi, così Amma sta sempre seduta per terra.

Persino quando è nella sua stanza all'ashram, Amma si adegua agli altri. Preferirebbe dormire per terra ma, dato che condivide questa piccola camera con la sua assistente e tre cani, non resta altro spazio. Per potersi stendere un po', da poco ha iniziato a dormire sul letto. Naturalmente, anche uno dei cani ha subito insistito per fare lo stesso.

Non è un cane piccolo e, visto che ama stirarsi, occupa quasi un terzo del letto. Quando qualcuno cerca di spostarlo, ringhia e rifiuta di muoversi. Per farlo stare più comodo e lasciarlo tranquillo, Amma ha cominciato a dormire scomodamente con i piedi e le gambe che penzolano da un lato del letto. Ora si è arresa ai desideri di questo cane e dorme con i piedi appoggiati su di lui, che sembra contento della situazione. Persino nella sua stanza, Amma non ha abbastanza spazio per sdraiarsi, eppure accetta completamente ogni circostanza, assicurandosi sempre che ci si prenda cura di tutti gli altri.

A volte mi preoccupo di quanto si stia donando. In diverse occasioni l'ho supplicata di non continuare a viaggiare così tanto, tenendo un programma dopo l'altro per mesi senza mai concedersi un giorno di riposo. Una volta le ho chiesto se potevamo evitare il tour dell'India del nord perché è molto faticoso per il suo corpo, ma lei mi ha risposto: "No! Gli abitanti di quei villaggi sono molto poveri, non possono permettersi di venire fin qui (in Kerala)".

"Amma, possiamo mandare degli autobus che li portino all'ashram", ho suggerito io. Ha obiettato dicendo che il mio piano era troppo costoso, che sarebbe stato meglio che fosse lei a viaggiare e a utilizzare il denaro eccedente per aiutare i bisognosi. È impossibile cercare di convincerla a riposarsi di più… Ci abbiamo provato tantissime volte.

In tutto il mondo, ci sono devoti che ogni giorno piangono perché non possono venire all'ashram. Il pensiero di Amma è sempre rivolto a loro e mai alla propria salute o comodità. Lo struggimento e il dolore di queste persone la spingono a viaggiare costantemente, anche se la vita sarebbe molto più facile se restassimo a casa. Viviamo in un mondo in cui la maggioranza delle persone pensa solo a soddisfare i propri interessi e si chiede costantemente: "Cosa ci guadagno?" Amma vive in un modo completamente diverso, mettendo sempre gli altri al primo posto.

Ci ricorda che dobbiamo focalizzarci su quanto possiamo dare piuttosto che pensare sempre a quanto possiamo ricevere. Perché non fare delle buone azioni finché possiamo, finché ne abbiamo la forza? Dopo aver provveduto alle nostre necessità, è importante preoccuparsi degli altri e restituire alla società ciò che è in nostro potere. Non dobbiamo calcare le orme di Amma, non ci viene chiesto così tanto, nessuna persona ordinaria ne sarebbe capace. Se però riuscissimo a dimenticarci di noi stessi per un po' e trovassimo del tempo per servire, saremmo sicuramente più felici.

Ogni volta che Amma controlla come procede la costruzione delle case per gli indigenti, consiglia sempre ai devoti che ci lavorano di trascorrere il proprio tempo libero facendo visita agli abitanti del villaggio, ascoltandoli e cercando di capire i loro problemi. Conosce bene l'angoscia dei più poveri, che da decenni le aprono il loro cuore e le confidano la loro pena. Al contrario di Amma, molti giovani che vivono nell'ashram e svolgono servizio disinteressato non hanno capito veramente le difficoltà che devono affrontare i meno fortunati; Amma sa che aiutare le persone a prendere coscienza è il primo passo per risolvere ogni problema.

Nel mondo ci sono moltissima povertà e tanta sofferenza. È nostra responsabilità impegnarci ad aiutare chi è afflitto ed è per questo che Amma ha realizzato in tutto il mondo progetti caritatevoli di ampia portata, rispondendo alle persone che si trovano nel bisogno, ovunque esse siano. I problemi e il dolore della gente sono la forza trainante che ispira Amma a mettere la propria vita al servizio della società.

Lasciamo che il nostro cuore, mosso dalla compassione, si sciolga quando pensiamo agli altri, non soffermiamoci solo su quanto possiamo ottenere o prendere per noi stessi. Offrendosi totalmente in ogni momento, Amma rappresenta un bellissimo modello. Attraverso il suo esempio, cerca di ispirare in noi almeno una goccia di quella compassione.

Capitolo 6

Fresca come una rosa

*"Possa la bellezza che ami
manifestarsi in quello che fai".*

– *Rumi*

Amma dice che l'ashram di Amritapuri è come un ospedale. Le persone arrivano con una mancanza di vitamina A (Amore) e hanno bisogno di cure intensive. Amma è il medico per eccellenza, capace di vedere dentro di noi, nella nostra anima, attraverso tutti gli strati superficiali dell'esistenza. La maggior parte della gente si ferma all'esteriorità, Amma invece si addentra più di chiunque altro e ci scruta nel profondo. Disponendo di una riserva illimitata di vitamina A, la distribuisce a chi ne ha bisogno. Siamo veramente fortunati quando possiamo stare in sua compagnia e osservare questo flusso d'amore ed empatia.

A volte penso al grande dolore fisico che Amma prova quando dà il darshan per così tante ore. Certi giorni, può a malapena piegare il collo o muoversi senza sentire dolore. In queste circostanze mi chiedo come riuscirà ad abbracciare anche solo cinque persone, figuriamoci le ventimila che assistono a un programma! Amma la pensa diversamente, sa di avere la capacità di interrompere la connessione tra la mente e il corpo ed è sempre in grado di trovare la forza per fare quello che serve per aiutare gli altri.

Una volta, mentre ci dirigevamo verso un programma che si sarebbe tenuto fuori dal Kerala e avrebbe richiamato una grande folla, Amma era molto sofferente. Ogni minimo movimento le provocava un fortissimo dolore e non riuscivo a immaginare come avrebbe potuto resistere tutta la notte abbracciando la folla che stava accorrendo al darshan. Quando Amma salì sul palco, avrebbe voluto inginocchiarsi e prostrarsi come fa abitualmente all'inizio di ogni programma ma, a causa dell'intenso dolore al collo, non riusciva a fare questo gesto. Non riusciva a piegarsi. Mentre ci provava, intervenni: "No Amma! Non serve che tu lo faccia, puoi semplicemente unire le mani in un saluto rispettoso (*pranam*)!"

Mi sentivo un po' stupida a darle questo suggerimento davanti a tutti (il discepolo che dice al Guru cosa fare!). Forse questa scena è stata filmata: io che tengo il braccio di Amma e cerco d'impedirle di prostrarsi.

Amma semplicemente mi ignorò e si prostrò come fa sempre. Vedendola, nessuno avrebbe pensato che sentisse del dolore. Stava solo facendo il proprio dovere, dimenticando se stessa e la sua salute.

Quando va in Occidente, i suoi programmi si protraggono sino a tarda notte e so che soffre terribilmente. Quando ci sono due programmi al giorno, il darshan può iniziare alle dieci del mattino e continuare fino alle quattro del pomeriggio, o anche più tardi, in base alla folla. A quel punto, capita che le giri la testa per mancanza di cibo e di acqua. Le persone che la osservano non riusciranno mai ad accorgersene, perché lei non vuole rattristare nessuno mostrando ciò che il suo corpo sente veramente.

Il programma serale inizia dopo sole due ore e finisce a notte fonda; spesso Amma dà il darshan fino alle quattro o alle cinque del mattino, rimanendo seduta finché tutti quelli che desiderano andare da lei non abbiano ricevuto l'abbraccio. Dopo una breve pausa nelle prime ore del mattino, ricomincia a dare il darshan alle dieci. Intorno ad Amma, il giorno si fonde nella notte e la notte nel giorno perché i programmi sfumano l'uno nell'altro. Amma non pensa mai allo sforzo che fa, ma solo a quanto sia difficile per gli altri aspettare così a lungo.

In India, quando gli abitanti dei villaggi vengono all'ashram e non c'è molta folla, Amma concede loro un darshan lunghissimo. Una notte, mentre rientrava nella sua stanza dopo una lunga giornata, confessò di avere dolore in tutto il corpo. Quando le chiesi perché avesse abbracciato tutti così a lungo, rispose che il costo dei biglietti dell'autobus era molto aumentato. Amma è consapevole dei sacrifici che le persone prive di mezzi fanno per andare da lei; alcuni devono persino chiedere in prestito ai vicini dei vestiti più presentabili. Amma disse: "Devo dare loro qualcosa, devo parlare con loro, parliamo entrambi la stessa lingua, e hanno fatto molti sacrifici per venire qui".

Anche quando le duole lo stomaco o ha la nausea, non è mai successo, in nessuna parte del mondo, che abbia cancellato un programma. Quando si accorge che sta per sentirsi male, va in un'altra stanza per rimettere, poi si sciacqua la bocca e riprende il darshan. Nessuno si rende conto del suo malessere. Un giorno, i suoi muscoli addominali erano talmente contratti e doloranti per essere stata seduta senza muoversi così a lungo che dovette indossare un busto. Ma cosa fece poi? Lo donò subito a una persona priva di mezzi che era venuta al darshan e ne aveva bisogno.

A tarda notte o, meglio, durante la notte e alle prime ore dell'alba, è possibile vedere Amma entrare in un altro livello di consapevolezza. Elevando la mente e trascendendo il corpo spossato, ride, ridacchia, rallenta il ritmo del darshan e abbraccia ogni persona più a lungo. Alla fine di un programma, Amma non accelera mai, non cerca di finire rapidamente per andare a riposare come faremmo noi se ci trovassimo al suo posto.

Durante un tour dell'India del sud, dopo essere rimasta seduta per quattordici ore, credevo che alla fine della nottata Amma avrebbe sofferto di terribili dolori in tutto il corpo. Tornata nella sua stanza, invece di riposare o mangiare, incontrò delle persone per un'altra ora e mezza. Accettò l'acqua di cocco che le veniva offerta ma non la bevve. Per almeno venti minuti tenne in mano il grande bicchiere pieno finché non glielo tolsi di mano, accorgendomi solo allora di quanto fosse pesante. Aveva accettato il bicchiere semplicemente perché questa è la sua natura: accogliere tutto, senza mai rifiutare niente e nessuno.

Potevo solo immaginare l'enorme stanchezza fisica e il dolore che sentiva per non essersi mai mossa per tutto il giorno e per tutta la notte. Dopo aver dato il darshan così a lungo, pensavo fosse stremata e avesse forti dolori in tutti i muscoli, soprattutto alle braccia. Invece, con mia grande sorpresa, le muoveva vivacemente mentre parlava. Tutti noi stavamo per crollare, ma Amma era fresca come una rosa. Questo è il modo in cui scorre la sua vita: l'amore la sostiene e le permette di fare l'impossibile.

Se il corpo di Amma fosse una statua, si sarebbe arrugginito e trasformato in polvere da tempo. Quante persone appoggiano le mani sulle sue gambe, le pestano i piedi, le afferrano il collo o le urlano nelle orecchie? Tuttavia, lei dice che la Grazia divina le permette di continuare ad abbracciare. Amma allevia le nostre sofferenze prendendole su di sé. Questo è l'amore insondabile che un *Satguru* (vero maestro) nutre per il mondo. È lo stesso principio in cui credono i cristiani quando affermano che Gesù ha sofferto per i nostri peccati.

Una volta, un devoto ha chiesto ad Amma se il suo corpo soffre veramente oppure no. Sentiva che non poteva essere altrimenti, considerato tutto quello che lei affronta, ma era perplesso perché Amma sembra sempre molto contenta. Amma ha risposto: "Sul piano umano il corpo soffre, ma sul mio piano non soffre mai! Non preoccuparti, mio caro". Quando si fa un regalo a qualcuno, non bisognerebbe mai cercare di riprenderselo. "Mi sono donata come un'offerta al mondo e non intendo riprendermi qualcosa pensando a me stessa", ribadisce Amma. Impegnandosi sempre a dare il massimo in tutto quello che fa, ci mostra la via, ci insegna con la sua vita come sacrificarci per gli altri. Quando ci sarà amore nel nostro cuore, fare del bene diventerà naturale, non ci peserà, e ci sentiremo più forti. Preghiamo di essere capaci di assimilare da Amma qualcosa di buono, per quanto piccolo, da restituire alla società.

Capitolo 7

La sadhana più alta

"Sin dal momento della nostra nascita, siamo affidati alle cure e alle premure dei nostri genitori; più tardi, quando veniamo colpiti dalla malattia e diventiamo vecchi, torniamo a dipendere dagli altri. Se all'inizio e alla fine della nostra esistenza siamo così dipendenti dalla gentilezza altrui, com'è possibile che durante il corso della vita trascuriamo di essere gentili con le altre persone?"

– Tenzin Gyatso, 14° Dalai Lama

Amare e servire gli altri è la sadhana (pratica spirituale) più alta ma quanti di noi sono davvero pronti ad amare e servire in ogni momento come Amma? Se fossimo veramente in grado di amare e servire gli altri incondizionatamente, non avremmo bisogno di fare nient'altro per raggiungere le vette spirituali, ma questo significa amare chiunque, non solo le poche persone con le quali ci sentiamo a nostro agio o che apprezziamo.

Vuol dire amare chi ci passa davanti nella coda per la mensa, chi ci si siede addosso nell'auditorium dei *bhajan* (canti devozionali) quando già sentiamo di non avere abbastanza spazio, chi ci fa cadere o ci si mette davanti proprio quando arriva Amma. Se in queste situazioni riusciremo ad amare anche queste persone, allora non avremo bisogno di altri tipi di sadhana.

È veramente difficile vedere sempre il meglio in tutti. Questo è l'atteggiamento migliore, anche se è molto difficile da raggiungere. Per andare avanti in questa direzione, dobbiamo allenare la mente a concentrarsi sul compiere buone azioni. La meditazione, le puje, i canti devozionali, il mantra japa, le preghiere per il bene del mondo e il *karma yoga* (agire altruisticamente) sono tutti modi per coltivare la concentrazione, la compassione e l'empatia.

Oggigiorno numerosi studi e ricerche nell'ambito delle neuroscienze dimostrano che le buone azioni, o anche solo le buone intenzioni, hanno un effetto estremamente benefico sulla nostra salute e sul nostro benessere. Grazie ad

La sadhana più alta

alcuni esperimenti, si è scoperto che la mente può essere rieducata a imparare valori positivi, anche se essi non sono stati assimilati durante l'infanzia. Quando cominciamo a mettere in pratica questi valori, iniziamo a sentire una profonda sensazione di gioia e di benessere: si crea così un ciclo in cui più desideriamo fare del bene, più siamo felici, e più siamo felici, più aumenta il nostro desiderio di compiere delle buone azioni.

L'impatto che Amma ha sui bambini è molto positivo perché i bimbi sono profondamente influenzati dall'atmosfera che li circonda. Che tenerezza quando un giorno dei bambini che si trovavano intorno ad Amma si chiesero fra loro quanti gelati mangiavano alla settimana e decisero che due sarebbero stati più che sufficienti! Con gioia, usarono il denaro risparmiato per comprare qualcosa per altri bambini meno fortunati. Il solo fatto di stare vicino ad Amma ci ispira a donare, e questo è il fine di tutte le pratiche spirituali.

A volte i bambini dell'ashram vengono da me e mi dicono: "Guarda quante volte ho recitato il mantra!" Poco tempo fa, uno di loro ha fatto proprio così: "Guarda!", mi ha detto, piazzandomi sotto il naso il contatore dei mantra che mostrava il numero 8.888. Ne sono rimasta molto colpita.

"Hai recitato il tuo mantra tante volte quante indicano i numeri del contatore? gli ho chiesto.

"Sì!" ha risposto innocentemente questo bimbo di sei anni.

La devozione che i bambini imparano da Amma è una cosa bellissima e molto importante nel mondo di oggi, perché alimenta il desiderio di amare e servire la società e Madre Natura sin dalla più tenera età. Per assicurare la sopravvivenza delle generazioni future, dobbiamo coltivare questo spirito di servizio.

Alcune persone pensano di non aver tempo per gli altri perché sono completamente assorbite dai loro impegni familiari e professionali. Come possono trovare del tempo per servire? Amma fa questo esempio: se avete tre figli, pensate semplicemente di aiutare gli altri in modo disinteressato come fareste per il vostro quarto figlio. Vi prendereste certamente cura di tutti i vostri figli, indipendentemente da quanti essi

La sadhana più alta

siano. Analogamente, dovremmo trovare un po' di tempo per includere il servizio disinteressato nei nostri mille impegni.

Potremmo pensare che il nostro seva non sia molto utile, che abbia poca importanza o che qualcun altro se ne possa occupare; in realtà, esso è il nostro strumento più prezioso, che ci consente di non pensare solo a noi stessi e a ciò che desideriamo. Se abbinato al giusto atteggiamento e alla grazia di Amma, il servizio disinteressato può condurci alla meta finale.

Un giorno, un uomo mi disse sdegnosamente quanto fosse scontento del suo seva: "Sono venuto all'ashram di Amma per progredire spiritualmente e aiutare l'umanità, invece mi viene chiesto di eseguire dei compiti umili come lavare i piatti o riciclare i rifiuti. Io sono un professionista e un grande creativo. Mi sento offeso perché mi si chiede di cambiare il mio programma di sadhana per fare delle cose che non mi piacciono affatto".

Gli risposi che, se nel suo lavoro era così professionale, probabilmente era scritto nel piano Divino che dovesse imparare un po' di umiltà svolgendo questi altri compiti. Tutto quello che ci arriva nella vita è ciò di cui abbiamo bisogno. Non c'è nessun errore nel modo in cui l'esistenza si presenta ciclicamente a noi, anche se sotto forma dei volontari dell''ufficio seva' che ci inseguono chiedendo il nostro aiuto mentre preferiremmo dedicarci ad altri tipi di sadhana (o fare qualcosa di più divertente).

Quando ci sediamo in meditazione, anche i pensieri che nascono nella mente sono una forma di azione: quando meditiamo, siamo ancora impegnati nell'azione. Allora perché non svolgere un po' di servizio disinteressato che attrarrà su di noi la Grazia?

Quando se ne presenta la necessità, cerchiamo di cambiare il nostro atteggiamento e di essere disponibili e contenti di contribuire come possiamo. Amma non ha bisogno di altri che le siedano accanto porgendole un asciugamano. Me ne occupo già io, ma ci sono molti altri seva da svolgere; se ciò non accade, Amma spesso interviene per fare personalmente quello che serve. Lei lavora sempre duramente e con abnegazione, spronandoci a fare altrettanto.

Una sera, al termine dei bhajan, Amma mi confidò di sentire molto dolore e mi disse più volte di non stare per niente bene. Ero molto amareggiata ma non c'era nulla che potessi fare per aiutarla; dopo la nostra conversazione, scesi quindi nella mia stanza per il mio seva. All'improvviso, sentii tutti correre e gridare: "Il seva dei mattoni!"

Pensai: "Beh, sicuramente Amma non parteciperà, non si sente bene". Poco dopo, venni a sapere che era uscita e stava felicemente trasportando i mattoni (in realtà più mattoni di chiunque altro!). A volte Amma è come un bambino che si può facilmente distrarre e ricondurre a ciò che ama di più: servire.

In Canada c'è un bimbo di quattro anni a cui piace molto fare seva. Un giorno, mentre indossava un grembiule da adulto che arrivava fino a terra, Amma gli passò accanto. Mentre lui si prostrava di fronte a lei, Amma si girò e gli disse: "Seva, seva, seva!" Era così contenta di vederlo fare seva (e lui era così grazioso con quel grembiule gigante) che gli diede un bacio.

Amma parla spesso dei bambini che amano servire, è orgogliosa e sempre molto felice quando li vede impegnarsi seriamente con il giusto atteggiamento, intenti ad aiutare concretamente gli altri. Il seva permette ai bambini di sviluppare delle capacità che saranno utili per loro in futuro, coltivando al tempo stesso l'amore e la compassione nel loro cuore. Quando proviamo gioia nel fare del bene, scopriamo la felicità dentro di noi: il seva è uno dei doni più grandi.

La spiritualità è pura concretezza. Quando Amma sente che c'è una situazione di bisogno, è sempre pronta a intervenire. È proprio questo il punto: capire di cosa c'è bisogno e impegnarsi totalmente ad aiutare con amore. Avere l'opportunità di servire è davvero una fortuna ma considerare questa opportunità una benedizione dipende da noi. Se vi accorgete che state pensando: "Non voglio farlo", allora dovete in qualche modo persuadere la vostra mente a cambiare atteggiamento. Se ci riuscite, sarete in grado di essere contenti in ogni situazione. Nessuno può costringervi a essere contenti di servire gli altri, è un sentimento che deve nascere dal vostro cuore.

Moltissimi ricercatori spirituali hanno letto dei libri sulla spiritualità e sulle diverse scuole filosofiche, ma quanti sono quelli decisi a compiere i passi necessari? Quanti sono veramente pronti a dedicarsi ai compiti e ai servizi più umili? In verità, non sono molte le persone disposte a farlo, ma esiste forse qualcosa di più grande?

Ovunque voi siate, se offrite con innocenza ogni vostra azione al Divino e servite chiunque, allora la grazia scenderà sicuramente su di voi. Il magnifico strumento del servizio è una delle gioie più grandi che ho scoperto nella mia vita. L'amore è ciò che conta veramente, e il servizio disinteressato è il bellissimo canale attraverso cui l'amore fluisce.

Capitolo 8

Il segreto della felicità

"Quando aiuti chi ha bisogno, l'egoismo scompare e, senza neanche accorgertene, raggiungerai la realizzazione".

– *Amma*

Quando doniamo, ci sentiamo sempre straordinariamente bene. I volontari delle organizzazioni umanitarie e i benefattori delle associazioni filantropiche conoscono la gioia di una mente aperta. Si dice che il denaro non possa comprare la felicità ma è un dato di fatto che donando generosamente si può provare quella sensazione di felicità che tutti cercano e rincorrono inutilmente. Quando riusciamo a dimenticare i nostri desideri e ci dedichiamo ad aiutare gli altri, ci sentiamo appagati. Sostanzialmente, più doniamo, più siamo felici.

La risposta è l'Amore

Una giovane donna si trovava a una grande riunione di famiglia e diceva a tutti di avere un cuore bellissimo. I presenti si riunirono attorno a lei per ammirare questo suo cuore perfetto, liscio, regolare e luminoso. La giovane ne era molto orgogliosa e se ne vantava.

All'improvviso, una vecchia signora gridò, con voce roca e potente, che il suo cuore era molto, molto più bello. Quando lo videro, tutti gli ospiti risero. Il cuore dell'anziana era malconcio e rattoppato e aveva delle ferite aperte. In alcuni punti mancavano dei pezzi, altrove ne erano stati aggiunti degli altri di strane forme. La giovane donna rise e disse: "Come puoi confrontare il tuo vecchio cuore deforme e lacero con il mio che è perfetto?"

L'anziana rispose: "È vero, il tuo cuore è perfetto, ma non puoi dire che sia bello. Nel mio, ogni ferita che vedi rappresenta una persona a cui ho donato il mio cuore. A volte mi hanno dato un pezzo del loro, ma non sempre. Ecco perché ci sono tanti punti in cui i pezzi non combaciano. Mi sono comunque cari perché mi ricordano l'amore e i bei momenti che ho condiviso con queste persone. Queste ferite aperte sono dolorose perché alcuni non mi hanno mai dato il loro cuore, ma resto in attesa e spero che un giorno capiranno il valore del donare amore".

Piangendo, la ragazza si avvicinò alla vecchia signora e, tagliando un pezzo del suo cuore perfetto, riempì una fessura nel cuore della donna. Poi guardò il suo cuore: non era più perfetto ma era diventato molto più "bello".

A volte incontriamo delle figure eroiche che ci ispirano profondamente. Un'insegnante, commossa per la drammatica situazione di uno dei suoi studenti che a quattordici anni rischiava di morire in attesa di un trapianto di rene, disse alla famiglia del ragazzo che avrebbe donato volentieri un suo rene se fosse stato compatibile. E così accadde.

Qualche anno fa, a Natale, una coppia entrò in un ristorante di Philadelphia, pranzò e poi fece un gesto molto insolito: pagò il doppio del dovuto e insistette per offrire il pranzo agli sconosciuti che si trovavano al tavolo accanto. La coppia non volle accettare nessun ringraziamento o riconoscimento e si rifiutò anche di dire il proprio nome. Volevano solo fare un gesto gentile. Dissero alla cameriera di presentarsi a quei clienti augurando semplicemente "Buon Natale".

Questa buona azione non finì lì, perché le persone che ricevettero questo regalo furono ispirate a ricambiare: pagarono il pranzo ad altri e lasciarono una mancia per tutte le cameriere. Tutti quelli a cui venne offerto il pranzo rimasero sbalorditi e insistettero per trasmettere la benedizione a qualcun altro. L'effetto domino si propagò nel ristorante per ore.

Le cameriere in servizio quel giorno non avevano mai visto una cosa simile e si commossero osservando la meravigliosa catena di generosità che andò avanti per cinque ore. Come un'increspatura in uno specchio d'acqua si propaga all'infinito, così, quando diamo un esempio di altruismo e compiamo un atto gentile verso gli altri, possiamo creare un effetto domino.

Ci sentiamo soli quando pensiamo solo a noi stessi. Se siamo troppo attaccati ai nostri desideri, ci sentiremo sempre vuoti, anche se le nostre tasche sono piene. Una casa piena di tesori non può appagare il cuore. I nostri beni possono anche aumentare e il nostro conto in banca traboccare ma, se seguiamo ciecamente i nostri desideri egoistici, la nostra mente si riempirà sempre più di desideri. Il mondo ci può dare tutto quello che vogliamo ma, se ascoltiamo solo la voce dell'egoismo, non saremo mai felici, avremo sempre la sensazione che ci manchi qualcosa. Finché non impareremo a donare, i nostri desideri non scompariranno.

Spesso le persone si chiedono: "Cosa mi piacerebbe conseguire in questa vita?", ma questo non è l'atteggiamento che Amma incoraggia. Amma ci ispira a creare qualcosa di grandioso, scoprendo i nostri talenti e usandoli per servire gli altri. Aiutare le altre persone dona la gioia suprema e dà un significato e uno scopo alla nostra esistenza. Questo è il senso della vita.

I desideri ci allontanano dalla vera felicità. Quando li soddisfiamo, non li eliminiamo: al contrario, essi si moltiplicano e si ripresenteranno sicuramente in futuro. Prendete ad esempio la mania che hanno molti di possedere gli ultimi ritrovati della tecnologia. Abbiamo un cellulare nuovo, di ultima generazione, e ci sentiamo felici; sei mesi dopo, esce un nuovo modello più sottile e leggero, con più pixel, più applicazioni, più giochi... e lo vogliamo. Pensiamo: "Il vecchio cellulare non mi dà più la gioia che mi dava quando l'ho comprato. Sarò sicuramente più contento acquistandone uno nuovo!" Il problema è che non è possibile soddisfare la mente e che i nuovi pensieri e i nuovi desideri non finiscono mai.

Se riusciremo a semplificare i nostri desideri, saremo più felici con meno. È bene pregare di riuscire a vincere i desideri. È un'impresa molto difficile perché la mente è sempre in movimento, ecco perché recitiamo il nostro mantra e viviamo in modo equilibrato grazie alla meditazione e alle altre pratiche spirituali. Se osserviamo una disciplina spirituale, i nostri desideri diminuiscono e troviamo la pace.

In questo mondo ci sono tantissime persone che prendono ma è molto meglio donare: solo donando scopriremo la vera gioia. La grazia è frutto di buone azioni compiute con altruismo. Sforzandoci di fare del bene in modo disinteressato, faremo l'esperienza della Grazia divina ovunque siamo.

Dimenticate voi stessi nel servizio disinteressato. Quando non ci focalizziamo sulla nostra liberazione ma ci dedichiamo piuttosto a servire gli altri, la Grazia divina si riversa su di noi, inondandoci come un fiume. La ricompensa della purificazione cambierà la nostra vita e, alla fine, la Grazia arriverà per condurci alla meta.

Capitolo 9

Amare Amma in ogni persona

*"Dio più la mente uguale all'uomo.
L'uomo meno la mente uguale a Dio".*

— *Anonimo*

Quando due persone si uniscono in matrimonio, si dichiarano reciprocamente: "Ti amo, ti amo. Prometto di stare con te finché morte non ci separi". Al sorgere delle difficoltà, gli sposi dimenticano la loro promessa. Ecco quanto è profondo l'amore di oggi, ma se l'amore si radica profondamente nella nostra vita, fa nascere fiori dal profumo delizioso: diventiamo come dei gelsomini che diffondono la loro squisita fragranza nel mondo. Chiunque può godere della bellezza di questi fiori d'amore.

Ovunque andiamo, le persone cercano di toccare la mano di Amma ed esclamano: "Ti amo, ti amo, ti voglio bene Amma". Se davvero è così, non limitatevi a esprimere questo sentimento con le parole, mettetelo in pratica. L'amore dovrebbe essere un verbo, non solo un sostantivo che usiamo in modo eccessivo e irragionevole. Quando il vostro amore si traduce in azione, scoprite il suo potere trasformativo e l'esperienza durevole che dona. Se ciò non avviene, l'amore sarà come un attraente frutto di cera che però non può nutrirci, un guscio vuoto e decorativo che riveste una parola.

Agendo con il cuore, veniamo allontanati dalla sofferenza e condotti su un piano elevato di pace in cui la grazia si manifesta. Invece di vedere e considerare soltanto una dimensione di Amma, potremo ammirare, in tutto il suo splendore, la vera essenza e la magnificenza dell'amore che lei irradia.

Un devoto racconta:

> "Una volta mi presentai al darshan di Amma con un grande desiderio nel cuore: poterle stare vicino. Le scrissi allora questo biglietto: 'Amma, come

posso starti più vicino?' Lei mi guardò profondamente negli occhi, mi fissò e mi tenne stretto a lungo. Al termine dell'abbraccio, quando andai a sedermi e chiusi gli occhi, tutto quello che mi apparve dinanzi era Amma: la vedevo ovunque, nella madre che amava il figlio, nella persona che aiutava un mendicante, negli amici che ci amano e ci sostengono nei momenti del bisogno. Dovunque c'è amore, lì c'è Amma. Non volevo più aprire gli occhi perché temevo che sarei stato distratto dalla sua forma. Compresi che è molto più del suo corpo. Questa esperienza sembrava non finire mai… Amma mi rivelò che mi era stata accanto nei momenti più bui e mi fece comprendere che mi aveva sostenuto e tenuto la mano per tutta la vita. Realizzai che lei è l'amore presente in ogni luogo e in ogni cosa. Ora so che ogni volta che ricevo amore da qualcuno, è Amma che mi ama. Amma è l'amore nella forma più pura. Se voglio percepirla, devo diventare quell'amore. Voglio diventare un gesto d'amore".

Amma non ha bisogno di nulla da noi, ma sarebbe felice se ci impegnassimo a mettere in pratica i suoi insegnamenti. Vorremmo sempre compiacerla, ma come possiamo riuscirci? Compiendo qualcosa di importante: amare gli altri come amiamo lei.

È davvero facile amarla, non è per niente difficile, perché è davvero irresistibile. Per i devoti, Amma è l'anima più bella sulla terra, la più affascinante, la più divertente, la più servizievole sotto ogni punto di vista. Amma conquista sempre il primo premio. Non mi sorprendo quando le persone dicono di amarla così tanto perché è veramente straordinaria. Chiunque abbia un briciolo di buon senso può riconoscere tale grandezza. Invece di amare solo la sua forma, sforziamoci di mettere in pratica questo nostro amore vedendo e amando chiunque come Amma. Questo sarebbe un atto veramente notevole (e anche molto più impegnativo)!

Nella Bibbia Gesù esorta: "Amatevi gli uni gli altri come io ho amato voi". In essenza, tutte le religioni affermano lo stesso principio: Dio è Amore. È nostro dovere cercare di diventare anche noi amore. Amma vuole che ci amiamo come lei ama noi.

Il modo in cui Amma si muove e agisce nel mondo rappresenta per noi un altissimo modello di vita. Nonostante i suoi impegni e i gravi problemi che sorgono quando si aiutano milioni di persone, Amma riesce sempre ad amare tutti.

Questo è possibile perché lei vede se stessa in ognuno di noi, si vede riflessa in ogni persona, come in uno specchio, avendo realizzato la verità che questo mondo non è che una manifestazione del Divino. Noi siamo convinti della verità di questo concetto e lo comprendiamo intellettualmente, mentre Amma *vive* fino in fondo questa esperienza.

Amma ci ricorda spesso che secondo la filosofia indiana non c'è alcuna differenza tra la creazione e il Creatore: sono un'unica cosa, proprio come l'oro e i gioielli d'oro. Amma afferma che ciò che proclama il Vedanta è la Verità suprema: tutto è Dio. Questa è la conoscenza ultima. Tuttavia, solo attraverso la *bhakti* (devozione) possiamo diventare persone migliori e coltivare buone qualità come la compassione e il desiderio di servire i bisognosi. Quando amiamo veramente

La risposta è l'Amore

Dio, proviamo compassione per il mondo intero. Le vibrazioni create dalle azioni altruistiche nate dall'amore sono una benedizione per l'ambiente e per le persone circostanti. Questo spiega la presenza tangibile attorno ai grandi Maestri spirituali di vibrazioni che possiamo percepire, se siamo abbastanza sensibili.

Qualche anno fa un giornalista, curioso di sapere come Amma impiegasse il proprio tempo libero, le chiese: "Cosa fa quando è sola?" Tutti noi ridemmo poiché sapevamo già la risposta: lei non è mai sola! Amma è sempre circondata da persone, persino a casa sua. Nella sua stanza tiene innumerevoli riunioni su progetti, riceve visite e comunque con lei c'è sempre la sua assistente. Amma non ha una vita privata... non è mai sola.

Con nostra grande sorpresa, la risposta che diede fu chiara e semplice: "Io sono sempre sola".

"Non ci credo!", esclamò il giornalista, "Intendo dire, che cosa fa quando non ci sono tutte queste persone intorno a lei?"

Amma ripeté: "Io sono sempre sola. Con molte persone o nessuno attorno, io sono sola, vedo tutto come un'estensione di me stessa: è tutto un'unica coscienza".

L'uomo continuava a non capire e così diede qualche suggerimento: "Quando è sola legge libri o naviga su Internet?" Chi conosceva bene Amma rise ancora di più. Amma connessa a Internet? Ve lo immaginate? Ovviamente no.

Con calma, rispose: "L'Internet esteriore è una manifestazione dell'Internet interiore. Ho l'Internet Supremo dentro di me, navigo in quello". Amma vede tutto come una manifestazione di Dio, del suo Sé Supremo, nulla è separato da lei.

Dovremmo cercare di avere la sua stessa visione del mondo. Nei primi tempi andavo raramente al darshan e, quando osservavo gli altri che lo ricevevano, immaginavo spesso di essere colui che stava tra le braccia di Amma e mi sentivo felice. Se riusciamo a superare la gelosia e ci immedesimiamo con la persona che sta ricevendo amore da Amma e siamo contenti per lei, allora la nostra vita diventerà molto più ricca. Dovremmo condividere il sentimento per cui ognuno di noi è legato in qualche modo agli altri. In verità noi *siamo* tutti gli altri...

Amma fa partecipe della sua vita, della sua saggezza e della sua compassione infinita chiunque lo desideri. Quando ci tocca, ride o canta con noi, si unisce completamente a noi e ci vede come un'estensione del suo Sé. Amma non è un comune essere umano, è l'incarnazione dell'amore nella sua massima espressione.

Capitolo 10

Il distacco è amore mascherato

"Il mondo intero e i suoi oggetti ci sono dati per usarli, non per possederli. Abbiamo dimenticato come rapportarci correttamente con il mondo e ci aspettiamo che esso ci dia la felicità".

– *Amma*

La gioia pura nasce dal donare disinteressatamente. Quando serviamo gli altri senza aspettarci nulla in cambio, sperimentiamo la pace mentale. Idealmente desidereremmo muoverci nella vita amando chiunque pur mantenendo un certo distacco. Se cerchiamo la felicità nel mondo, come comunemente accade, resteremo delusi, frustrati e amareggiati. La felicità duratura è raggiungibile soltanto attraverso la compassione e il distacco.

La maggior parte della gente fraintende il vero significato di distacco. Distacco non vuol dire evitare o non usare gli oggetti, rifiutare l'amore o l'intimità nelle relazioni (e certamente non richiede la rinuncia al cioccolato!). Il vero distacco nasce da un profondo e completo senso di compassione ed è la base su cui poggia il vero amore, il distacco è altruismo. Distacco significa comprendere sino in fondo la vera natura di un oggetto o di una relazione, realizzare che le persone e gli oggetti non possono darci la felicità eterna.

Quando siamo legati a qualcuno o a qualcosa, ci aspettiamo che ci rendano felici. Questo equivoco genera aspettative e desideri. Alla fine tutti gli attaccamenti produrranno qualche dolore (soprattutto se mangiamo troppo cioccolato!). Quando vogliamo qualcosa da una persona stiamo sperimentando attaccamento, non amore. Ciò che chiamiamo "amore", in realtà, si riduce spesso a una forma di contrattazione: "Tu mi dai ciò che desidero e io ti do ciò che desideri". Il vero distacco ci permette di amare incondizionatamente e di servire senza desiderare nulla in cambio. Non è per niente facile amare sinceramente gli altri.

Quando i residenti dell'ashram si recarono nelle zone colpite da calamità per costruire case per le vittime, in particolare dopo lo tsunami del 2006, si trovarono spesso in difficoltà per gli insulti e le molestie da parte di alcune persone che avrebbero beneficiato di questi aiuti. Tornati all'ashram, riferirono ad Amma l'accaduto lamentandosi: "Amma, perché dovremmo aiutarli? Non alzano neppure un dito per aiutarci. Non apprezzano affatto il nostro lavoro!" Amma rispose che essi stavano semplicemente mostrando la loro natura. In risposta, i residenti dell'ashram, quali ricercatori spirituali, avrebbero dovuto rivelare la loro natura ed essere quindi l'esempio dei buoni valori insegnati da Amma.

Un celebre racconto narra di un uomo impegnato a salvare uno scorpione che stava annegando. Ogni volta che metteva la mano in acqua per salvarlo, veniva punto. Qualcuno gli chiese perché insisteva nel soccorrere questa creatura che continuava a ferirlo. Egli rispose che pungere è nella natura dello scorpione, mentre la sua natura era quella di aiutare a ogni costo;

sapeva che aiutare gli altri è la strada che porta al paradiso.

Se ci aspettiamo di essere apprezzati per le nostre buone azioni, saremo sempre delusi; dobbiamo invece trovare soddisfazione nel fare ciò che va fatto. L'entusiasmo e il giusto atteggiamento possono trasformare il nostro operato in una bellissima esperienza. Anche se nessuno lo vedrà o ne verrà a conoscenza, saremo contenti di aver compiuto del bene.

Aggrapparsi alle persone e desiderare di piacere loro è una forma di attaccamento che infine ci amareggerà. Con la sua vita, Amma ci mostra come avere compassione per tutti, persino per quelli che sono molto duri con noi. Amma dona il suo amore e perdono anche a chi l'ha calunniata pubblicamente o a chi ha cercato di ucciderla, insegnandoci ad amare chiunque, indipendentemente dai suoi sentimenti nei nostri confronti. Non è facile un simile distacco.

Amare ogni persona non significa fidarsi ciecamente di tutti, dobbiamo sempre usare il nostro discernimento. Un giovane venne da me e mi riferì ciò che gli era accaduto una notte a Mumbai. Mi disse che non era sicuro di avere agito correttamente. Mentre camminava, un ladro lo aveva accostato e puntandogli il coltello alla gola gli aveva chiesto tutto il suo denaro. Invece di acconsentire a tale richiesta, il giovane gli aveva preso il coltello, lo aveva colpito al volto con un pugno, rompendogli il naso. Scappando per mettersi in salvo, si era portato con sé questo coltello come oggetto-ricordo. Lo rassicurai dicendo che aveva fatto proprio la cosa giusta.

A volte è importante reagire per difendere una giusta causa. Nella vita gli ostacoli sono inevitabili; dobbiamo avere l'atteggiamento mentale corretto e imparare ad aggirarli abilmente. In questo caso, il giovane non si era arrabbiato con l'aggressore e, di fatto, la sua difesa era stato l'atto più compassionevole che avrebbe potuto scegliere. Chissà, forse tale reazione ha spinto il ladro a riflettere se continuare o no su quella brutta strada.

Dovremmo cercare di comprendere la natura intrinseca delle persone. Quando ricordiamo che tutti hanno dei difetti, diventa più facile perdonare e avere compassione per loro, invece di biasimarli o di criticarli per i loro limiti. Se riusciamo a mantenere questa comprensione, potremo essere più empatici e raggiungere lo stato ultimo dell'amore altruistico.

Chi viene all'ashram di Amma, pensa che, trattandosi di un luogo sacro, tutti siano tranquilli e gentili, sempre impegnati a svolgere pratiche spirituali. Può sembrare così finché non ci si trova in fila per una tazza di tè; noteremo allora alcuni comportamenti che di santo hanno ben poco. Quando appare un ostacolo alla realizzazione dei nostri desideri, l'ego spunta rabbioso. Dobbiamo capire che questa è la natura dell'ego e del mondo. Le nostre facce cupe mostrano che siamo nella morsa dei desideri.

Amma dice che non dovremmo cercare di trasformare una rana in un elefante o un elefante in una rana. Sforziamoci di vedere gli altri per quello che sono e non per come li vorremmo. Quando andiamo allo zoo e vediamo degli animali feroci come i leoni e le tigri, non ci avviciniamo troppo a loro, al contrario, li ammiriamo in lontananza. Se lo facessimo, sarebbe pericoloso. Allo stesso modo, dovremmo sempre lasciare uno spazio interiore tra noi e ciò che accade, sforzandoci di osservare semplicemente gli avvenimenti. In tal modo conserveremo la

Il distacco è amore mascherato

calma e la pace interiore malgrado le circostanze esterne. Riuscendo a mantenere il distacco interiore, sapremo gioire del mondo senza essere turbati dagli alti e bassi. Ci saranno sempre persone che amiamo e che sono straordinariamente gentili con noi e altre che non ci piacciono perché risulta difficile relazionarsi con loro. Ci sarebbe più facile essere empatici verso chi è problematico se conoscessimo la sua storia e cercassimo di comprenderne i problemi, il suo dolore e la sua sofferenza. Questo processo ci aiuterà a risvegliare e a coltivare la nostra compassione innata. Quando iniziamo a conoscere chi ci indispettisce, scopriamo che questa persona proviene molto spesso da situazioni estremamente tristi o difficili.

Per la maggior parte del tempo non siamo consapevoli della profonda sofferenza degli altri ed esprimiamo giudizi erronei. Forse una persona è difficile perché ha subito abusi o non ha ricevuto sufficiente amore dai genitori. Amma dice che persino il feto nel grembo potrebbe non crescere adeguatamente se è stato concepito senza amore. Forse ha avuto dei genitori alcolizzati o drogati e i traumi subiti nell'infanzia restano spesso per tutta la vita. Se riuscissimo a vedere queste situazioni in una prospettiva più ampia, potremmo liberarci dalle catene che ci rendono schiavi e che provengono dal nostro modo di pensare troppo critico.

Amma ci raccomanda di non essere come una macchina fotografica ma come uno specchio: come uno specchio, dovremmo riflettere, lasciare andare e mantenere il distacco. Amma non si fa mai coinvolgere da emozioni negative, è un puro riflesso, un testimone amorevole che riflette noi stessi; non trattiene nulla, lascia che tutto l'attraversi senza esprimere giudizi. Per contro, noi ci comportiamo solitamente come una macchina fotografica che inquadra e scatta la foto di ogni scena per impugnarla poi come prova. La straordinaria libertà che nasce dal distacco permette ad Amma di fare ciò che gli altri non riescono: amare ognuno di noi incondizionatamente e abbracciare migliaia di persone, una dopo l'altra.

Mentre ci muoviamo nel mondo, dobbiamo imparare a capire correttamente gli altri e ad amare tutti senza aspettative. Amma ci chiede di comprendere le situazioni, le circostanze in cui si trovano le persone e il loro stato d'animo per poi offrire il nostro aiuto.

Capitolo 11

Creare la libertà interiore

"L'odio non può far cessare l'odio, solo l'amore può guarirlo".

– versetto buddista

Se non riusciamo a lasciar andare le esperienze negative vissute in passato, non potremo mai crescere. Solo attraverso il perdono possiamo guarire dal dolore. Il più delle volte, il motivo per cui gli altri ci feriscono è che stanno loro stessi soffrendo. Quando svilupperemo una visione compassionevole che ci permette di andare oltre l'apparenza, vedremo che il dolore influenza profondamente la vita di moltissime persone. Questo ciclo di sofferenza continuerà finché non ci libereremo dalla schiavitù delle nostre idee preconcette e non impareremo a perdonare. Per perdonare, bisogna avere un animo molto nobile, soprattutto se ad avere torto è l'altra persona.

La punizione divina raggiungerà sicuramente chi ci ha feriti ma non dovremmo mai invocarla di proposito. Non è bene desiderare la vendetta o punire chi ci ha fatto del male. Ogni persona è legata al suo ciclo karmico e tutto il dolore che infliggiamo agli altri un giorno tornerà a noi; quindi, perché procurarsi una sofferenza futura tentando di vendicarsi? Cerchiamo invece di imparare dalle esperienze difficili. Chi può conoscere le azioni che abbiamo compiuto nelle vite passate e che ci fanno vivere ora nel dolore?

Amma fa un esempio: immaginiamo di camminare al buio e di finire in un cespuglio di rovi o contro un recinto di filo spinato e di ferirci. Invece di allontanarci e medicare le ferite, ci aggrappiamo al filo spinato e gridiamo: "Mi fai male! Lasciami andare! Lasciami andare!" In realtà, siamo noi ad aggrapparci. Anche se è per il nostro bene, non siamo ancora pronti a staccarci dal dolore che noi stessi ci stiamo provocando. Un giorno, dovremo lasciarlo andare completamente. Perché non farlo subito invece che farlo più tardi, quando saremo profondamente segnati dal trauma e dall'angoscia che ci siamo inflitti? Perché non concedere il perdono ed essere liberi?

È per il nostro bene che impariamo a perdonare. Forse non capiremo mai il motivo della nostra sofferenza passata. Nella vita, ci sono cose che non potremo mai comprendere e altre che non riusciremo neppure ad immaginare. Per poter guarire dobbiamo accettare il fatto che quella sofferenza era il nostro *karma* (la legge di causa ed effetto) che tornava a noi e perdonare le persone che sono state inviate da Dio per portarci questo messaggio.

Un pomeriggio Amma tenne sulla spiaggia di Amritapuri un satsang sul nuovo anno che stava per arrivare. Disse che, invece di fare dei buoni propositi, sarebbe stato meglio sforzarsi di perdonare. Se avevamo litigato o avevamo smesso di parlare con qualcuno, avremmo dovuto scusarci con quella persona e chiederle perdono. Amma ha affrontato questo tema più volte nei suoi satsang, dicendoci che, se ci eravamo allontanati da alcuni dei nostri familiari, dovevamo essere noi a fare il primo passo e perdonare.

Ascoltando queste parole, un devoto comprese cosa avrebbe dovuto fare.

Con riluttanza, mentre era seduto al satsang, inviò un'e-mail al suo patrigno con il cellulare, scusandosi per il loro cattivo rapporto. Chiedendogli perdono, aggiunse che, anche se erano in conflitto da vent'anni, desiderava ricominciare daccapo. Molto commosso e al colmo della gioia, il patrigno acconsentì. Quando, alcuni mesi più tardi, il devoto andò a far visita alla madre e al patrigno, scoprì che l'uomo aveva un cancro allo stato terminale e che gli restavano solo pochi mesi di vita.

Il rapportò che fiorì da questa riconciliazione portò il devoto a prendersi cura del patrigno in questa ultima fase della sua vita. Alla fine, fu proprio lui a rimanere al suo capezzale, tenendogli la mano mentre si spegneva. Questo tempo di guarigione vissuto insieme fece nascere una preziosa relazione che divenne per entrambi uno straordinario viaggio spirituale.

Dobbiamo imparare a pregare per quelli che ci feriscono. Pregare di riuscire a perdonarli, pregare affinché essi riescano a sopportare il dolore e la sofferenza che le loro azioni gli procureranno.

Lasciatevi alle spalle il "cespuglio di rovi" e abbracciate il perdono. Se ci riuscirete, allora la vita vi riabbraccerà ancora più dolcemente, non dubitatene.

Un'altra devota ci raccontò quello che le era successo dopo aver seguito il consiglio dato da Amma durante il satsang:

> "Mio fratello minore ha lavorato per molti anni nel World Trade Centre. Nel giorno degli attacchi, si trovava in una delle torri. Dopo che il primo aereo ebbe colpito l'edificio, riuscì a scappare con alcuni colleghi; stavano per entrare nella seconda torre, quando arrivò il secondo aereo. Correndo, riuscirono ancora a fuggire.
>
> Le comunicazioni erano state interrotte e per tutto il giorno non potemmo sapere se era sopravvissuto. Dopo l'accaduto, mio fratello non accennò mai al dolore e al trauma che aveva subito. Non cercò mai un sostegno psicologico né parlò con la moglie o con me di questa tragedia; semplicemente, fingeva che non

fosse successo nulla. Capivo che soffriva ma non sapevo come aiutarlo.

Amma ci insegna ad amare i nostri famigliari quando soffrono, ma erano ormai quindici anni che mio fratello e io avevamo smesso di sentirci regolarmente. Molti problemi in famiglia ci avevano allontanati. Avevo ascoltato il satsang in cui Amma ci esortava a scrivere ai famigliari con cui eravamo in rotta e a pregare per loro, comunicando loro, con delicatezza, il nostro amore. Amma aveva persino aggiunto che, se non sapevamo cosa dire, potevamo scrivere un'e-mail o una breve lettera esprimendo il nostro affetto. Ci fece promettere ad alta voce nella hall che avremmo scritto ai membri della nostra famiglia. Così, mi impegnai a scrivere a mio fratello e questo diede inizio a una corrispondenza che durò dodici anni.

L'11 settembre di ogni anno, gli scrivevo un breve messaggio nel quale esprimevo il mio amore e la mia comprensione per la sua sofferenza e la mia gratitudine per il fatto che fosse vivo. Gli dicevo che ero sempre a sua disposizione se desiderava parlare.

Gli anni passavano, uno dopo l'altro, ma lui non rispondeva mai. Amma ci insegna ad amare senza aspettative, così ogni anno inviavo il messaggio e continuavo a pregare. L'11 settembre di qualche anno fa, sentii vibrare il mio cellulare. Diedi un'occhiata e, per la prima volta dopo tanti anni, vidi che era un sms di mio fratello. Mi aveva inviato tutti i messaggi che gli avevo scritto negli ultimi dieci anni con una nota che diceva: "Ogni volta ho salvato il tuo messaggio per rileggerlo nel corso dell'anno. Non puoi immaginare quanto abbiano significato per me in tutto questo tempo".

Feci scorrere il testo e lessi i messaggi che gli avevo scritto ogni anno, per tanto tempo, senza sapere se li avesse letti, se gli fossero piaciuti o gli fossero stati in qualche modo di conforto. Cominciai a piangere. Amma mi ha mostrato che l'amore e la riconciliazione sono più potenti del dolore generato dal terrorismo. Come la goccia scava la pietra, così l'amore vince sempre".

Nella vita, possiamo scegliere se sprofondare nel dolore o elevarci verso il perdono e la pace interiore. Bisogna essere incredibilmente coraggiosi e umili per camminare sulla via del perdono, la maggior parte delle persone non è abbastanza pronta per questo gesto eroico. Un ricercatore spirituale deve ricordarsi che, per quanto questo sia difficile, solo attraverso il perdono ci si può elevare. Restare aggrappati al passato non vi aiuterà. Se volete avvicinarvi a Dio, dovete imparare a perdonare e a dimenticare.

Cosa fa la pianta con il letame che le spargiamo intorno? Assorbe i minerali contenuti in questo concime maleodorante e li usa per crescere. La pianta non pensa: "Oh, cosa m'avete fatto?" Le piante crescono rigogliose, assorbendo dal letame soltanto le sostanze nutritive, in modo che i fiori possano sbocciare in tutta la loro bellezza. Allo stesso modo, grazie al perdono, possiamo diventare dei magnifici fiori spirituali che emanano il raro profumo dell'amore disinteressato.

Capitolo 12

Per sempre principianti

"Per sfuggire alle critiche, non fare nulla, non dire nulla, non essere nessuno".

– *Elbert Hubbard*

Quando abbiamo incontrato Amma per la prima volta, forse pensavamo di essere quasi perfetti, vicini alla soglia dell'auto-realizzazione. Dopo un po', tuttavia, man mano che passavano gli anni e inevitabilmente, attraverso i rapporti con gli altri, emergevano le nostre negatività, abbiamo cominciato a capire che non eravamo poi così perfetti. Allo stesso modo, potremmo pensare che il pavimento della cucina sia pulito ma, quando iniziamo a lavarlo con uno straccio bagnato, affiorerà ogni sorta di sporcizia. Se siamo onesti con noi stessi, ci accorgeremo di quanto siamo lontani dalla perfezione e capiremo di essere degli eterni principianti, sempre sulla linea di partenza.

Riconoscere i propri difetti è un buon punto di partenza sulla strada che porta all'umiltà. Quando l'illusione di essere delle persone gentili va in frantumi, potremo iniziare a raccogliere i cocci ed essere più onesti con noi stessi. Le pratiche spirituali sono come un panno bagnato che rimuove le impurità dalla mente: ci aiutano ad acquisire maggiore consapevolezza, purificano le nostre azioni e ci permettono di diventare completi.

Quando commettiamo un errore, non dovremmo bloccarci, ma andare avanti e imparare a correggerlo. Se cadiamo, non restiamo a terra immobili, rialziamoci e raccogliamo le forze per proseguire. Amma ci dice che dovremmo essere come il ferro attratto da un magnete. Il fervore di unirci a Dio dovrebbe ispirarci a rialzarci dopo ogni caduta e ad andare avanti.

Recentemente, una donna mi ha detto di sentirsi triste e in collera perché qualcuno l'aveva rimproverata per una cosa che non aveva fatto. Anche se era nel giusto e sebbene l'altro avesse chiaramente torto, le consigliai di non perdere la calma e di accettare il rimprovero. Conoscevo l'uomo con cui si era scontrata e avevo la sensazione che, se l'avesse affrontato, la faccenda sarebbe andata avanti all'infinito. Sebbene questo non fosse il modo in cui gestiva abitualmente questo genere di situazioni, la giovane accettò di non reagire. Dopo qualche giorno, mi disse che quella persona era tornata da lei per scusarsi. La tranquillità della donna gli aveva fatto comprendere di essere nel torto; dispiaciuto del suo comportamento scorretto, aveva capito di essere lui a dover cambiare.

A volte non riusciamo a trattenerci dal criticare gli altri e questo accade perché non vogliamo ammettere che anche noi facciamo degli errori. Se potessimo vedere Amma nelle persone che ci riprendono, quanto impareremmo rapidamente a essere umili e ad accettare i nostri errori! Se ci riuscissimo, diremmo con amore a chi ci critica: "Mi spiace, grazie per avermi fatto notare quello su cui devo ancora lavorare", e questo anche se il rimprovero fosse ingiustificato!

Quando conserviamo il nostro equilibrio interiore, indipendentemente da quanto assurda sia la situazione in cui ci troviamo, il legame karmico che la nostra collera avrebbe potuto generare viene reciso. Se invece decidiamo di scontrarci, il conflitto potrebbe durare per anni e coinvolgere persino le generazioni future.

Dobbiamo imparare a tagliare i nostri legami karmici, a sradicarli e a dissolvere i nostri conflitti, altrimenti ci troveremo continuamente a rivivere gli stessi copioni dannosi. Le situazioni e le circostanze continueranno a ripresentarsi finché non impareremo le lezioni che esse ci offrono. Dovremmo desiderare di imparare dai nostri errori, sforzandoci di non ripeterli. Ogni giorno abbiamo la possibilità di ricominciare daccapo. Quando qualcuno ci fa notare che abbiamo fatto qualcosa di sbagliato, sforziamoci di accettare questa osservazione con molta umiltà.

Non è utile pensare: "Sono un peccatore, ho commesso moltissimi errori, non imparerò mai. Sono fatto così, non posso cambiare". Un simile atteggiamento è veramente sbagliato, dovremmo essere sempre pronti a ricominciare. Siamo circondati da benedizioni invisibili che possiamo conquistare solo coltivando un atteggiamento positivo. Non dovremmo cadere vittime della disperazione e dell'insuccesso.

Non è necessario rendere partecipi gli altri delle nostre debolezze perché, così facendo, le evidenzieremmo maggiormente e le rafforzeremmo. Quando fate un errore, prendetene semplicemente atto, accettatelo serenamente e andate avanti sforzandovi di non ripeterlo. Cercate di sviluppare l'umiltà che vi permette di rallegrarvi se qualcuno sottolinea le vostre mancanze. Sentirci riconoscenti quando veniamo ripresi ci sarebbe di grande aiuto.

Commettere degli errori può essere doloroso, cercate però di ricordare che questa sofferenza serve a impedirci di farci del male. Ogni nostra azione ha delle conseguenze. Non dovremmo prendercela con gli altri pensando: "È colpa loro, non mia". Assumendoci la responsabilità dei nostri atti, riceveremo nella vita moltissime benedizioni.

Siamo sempre pronti a raccontare agli altri una nostra grande impresa o a vantarci di aver agito bene. Facciamolo pure, ma per essere onesti con noi stessi ammettiamo anche che, a volte, commettiamo degli errori. Questo può essere molto difficile ma non vi preoccupate: intorno a noi ci saranno sempre tante persone pronte a indicarci i nostri sbagli, mancanze e insuccessi. La vita offre infinite occasioni per sviluppare l'umiltà.

La risposta è l'Amore

Ricordo che un giorno Amma rimproverò severamente uno degli swami perché aveva prenotato un volo per l'Europa nelle prime ore del mattino di Vijaya Dashami, la festa in cui si celebra la vittoria del bene sul male. In India, questa importante ricorrenza è considerata un giorno propizio per avviare i bambini all'apprendimento. Amma era molto contrariata perché avrebbe desiderato trascorrere quella giornata nell'ashram con tutti noi. Lo swami aveva invece previsto un giorno di riposo dopo il nostro arrivo in Germania. Amma non era per niente contenta di questa decisone.

Mentre eravamo in macchina diretti all'aeroporto, telefonò allo swami e lo rimproverò dicendogli: "Perché l'hai fatto? Perché mi fai partire in questo momento speciale? Volevo restare con i miei figli!" In quel momento, lo swami si trovava dall'altra parte del mondo e in quel Paese erano le tre o le quattro del mattino. La linea era molto disturbata e lui non riusciva a capire bene le parole di Amma. Era chiaro che lei non era contenta di lui ma, invece di rimanere turbato, lo swami pensò alla benedizione di poter udire la voce di Amma in un'ora del mattino così propizia. Era molto felice perché sapeva che tutto quello che viene da Amma è una benedizione, qualunque cosa sia. Persino una punizione dimostra quanto le stiamo a cuore e quanto desideri condurci alla perfezione. Con il cuore pieno di gioia per avere udito le parole di Amma, al termine della telefonata si sedette e compose un bhajan.

Che modo meraviglioso di accettare un errore! Benché fosse stato sgridato, l'umiltà che aveva mostrato considerando la voce del Guru una benedizione aveva trasformato il rimprovero in una musica divina. Per ogni cosa che ci succede, abbiamo sempre la possibilità di scegliere: lotteremo e permetteremo al nostro ego di emergere o accetteremo e trasformeremo la situazione in una bellissima melodia da condividere con il mondo?

Non possiamo controllare le circostanze o gli eventi che accadono nella nostra vita, l'unica cosa che possiamo controllare è l'atteggiamento con cui li accettiamo. Sforziamoci di trasformare ogni cosa in magnifici bhajan da poter cantare con Amma ogni sera.

Capitolo 13

I mostri della mente

"I quattro compiti più difficili da svolgere su questa terra non riguardano il piano fisico o intellettuale ma quello spirituale, e sono: ricambiare l'odio con l'amore, accogliere gli esclusi, perdonare senza aspettarsi delle scuse e riuscire a dire: 'Avevo torto'".

– *Anomimo*

Dovremmo aspirare a trovare la pace mentale nelle situazioni più diverse e faticose. Conservare sempre il proprio equilibrio è molto difficile, ma è il segno concreto di una fiorente spiritualità. Le onde dei pensieri minacciano costantemente di travolgerci e farci annegare in questo oceano di maya (illusione) sul quale galleggia il mondo. Nel tentativo di spazzare via tutto, tali onde possono essere più forti persino di quelle dello tsunami. Il nostro impegno e le pratiche spirituali ci aiutano a mantenere l'equilibrio quando ci sentiamo in bilico su una fune, ma potrebbero non bastare a farci superare situazioni complesse. Ecco perché è necessario ricorrere alla guida di un Maestro perfetto.

Vi sono yogi che da decenni vivono in meditazione nelle grotte dell'Himalaya, eppure, quando si avvicina l'ora dei pasti, si azzuffano tra loro per essere i primi nella fila. Forse svolgono *tapas* (austerità) molto intense, però anche il migliore adepto nello yoga può irritarsi a volte per un nonnulla. Soltanto l'immensa grazia del Guru può rimuovere a poco a poco l'ombra tenace dell'ego.

Dobbiamo acquisire la grazia che consente alla nostra mente di mantenere una serena consapevolezza, l'arma più potente che abbiamo per distruggere i nostri mostri interiori. Per annientarli, abbiamo bisogno della grazia e della forza di un Maestro perfetto come Amma. Il suo amore e la sua guida ci permetteranno di rimuovere le negatività ed eliminare ogni dolore.

Prego spesso affinché la mia vita sia al servizio di Amma e io abbia la forza necessaria per servire il mondo. Durante questi momenti, molto spesso suona il campanello e, sospirando, mi dico: "Chi mi disturba proprio adesso?" Esco dalla stanza per vedere chi è: quasi sempre si tratta di qualcuno che vuole offrire il suo aiuto e così mi pento per essermi irritata. Ritorno al mio seva e il campanello suona di nuovo… a volte quando mi sono appena seduta… e così il gioco continua.

Ricordo allora l'intenzione della mia preghiera e mi dico: "Per cosa stavo veramente pregando? Queste erano delle opportunità per soddisfare la mia richiesta e servire gli altri". Me n'ero dimenticata. Amma ci ricorda sempre che sebbene siamo sul sentiero spirituale da anni, restiamo sempre dei principianti.

Non importa se viviamo per decenni accanto a un Mahatma: se il nostro atteggiamento interiore non è sincero e non è stato affinato, non evolveremo né assaporeremo mai la vera pace mentale. Se non impariamo a usare la mente in modo corretto, non progrediremo in automatico solamente perché siamo vicino ad Amma da tanti anni. Non basta sederle accanto, occorre mettere in pratica i suoi insegnamenti nella vita di ogni giorno.

Durante i primi tempi dell'ashram, Amma voleva che restassimo seduti in meditazione otto ore al giorno, un compito molto arduo. Più tardi, ci disse che il motivo di questa sua richiesta era perché davamo sempre la colpa delle nostre difficoltà alle circostanze esterne. È molto facile rimanere intrappolati nel pensiero che "lui o lei sono la causa dei miei problemi! È colpa di qualcun altro se mi trovo in difficoltà!" Sedendoci in meditazione, affiora il contenuto della nostra mente e, se siamo sinceri, diventiamo consapevoli di essere noi la causa di tutti i nostri problemi. Amma desidera che capiamo l'importanza di lavorare su noi stessi, invece di prendercela con gli altri per le situazioni difficili della vita.

È bellissimo stare in presenza di Amma e guardarla: mi rendo conto di essere incredibilmente fortunata a poterle stare così vicina. Quando percorriamo lunghi viaggi in camper, capita che Amma si sdrai sul pavimento per riposare. Poiché durante il darshan rimane seduta a lungo senza potere stendere le gambe, ha problemi di circolazione e così mi offro talvolta di massaggiarle i piedi. Questo è uno dei rari momenti di sollievo che si concede nella vita: farsi massaggiare i piedi di tanto in tanto, e anche allora pensa prima a me.

Se a volte sono seduta sul pavimento e vorrei massaggiarle i piedi, Amma allunga le gambe verso di me, assumendo una posizione molto scomoda per facilitarmi il compito. Mi rattrista vedere che nei suoi pochi momenti di riposo sia pronta a sacrificarsi per farmi stare comoda.

In questi momenti, le sue vibrazioni riescono ad acquietare le bestie selvagge della mia mente. Pensando a quanto sono fortunata a starle così vicina, mi sono ritrovata talvolta a piangere. La sua presenza può creare vibrazioni che dissolvono la mente e domano le bestie feroci che teniamo prigioniere, trasformandole in teneri gattini. A volte, quando tocco i suoi piedi, penso a tutti quelli che mi hanno irritato e immagino di andare da loro e dire: "Perdonami. Ti perdono". Tutta la mia negatività scompare e provo il desiderio di essere sempre buona e di accettare ogni situazione. In questi momenti, le vibrazioni di Amma creano in me così tanto amore da sgretolare la cortina di ferro dell'ego.

Purtroppo questo crollo è solo temporaneo. Più tardi, quando ho smesso di massaggiarle i piedi, a poco a poco il muro si erge nuovamente e penso: "Beh, forse non c'è *davvero* bisogno che vada a parlare con quella persona..."

È sufficiente un semplice tocco di Amma per sciogliere ogni nostra negatività, a cui sfortunatamente permettiamo di tornare troppo presto. L'ego ricompare continuamente, perseguitandoci. Amma è in grado di distruggere le nostre barriere interiori, spetta però a noi non ricostruirle. Fortunatamente lei ci perdona costantemente e ci sprona a usare il discernimento per agire correttamente. Occorrono diverse vite dedicate alle pratiche spirituali per trasformare in positivo il flusso negativo della mente e acquisire la forza e la Grazia divina necessarie per vedere e percepire ovunque la presenza del Divino.

Siamo su questa terra per imparare a controllare la mente, così da poter cogliere la vera bellezza del creato, come fa Amma. Smettiamo di attribuire le colpe agli altri e rallegriamoci per ciò che riceviamo. In realtà, ogni grande difficoltà è una bellissima lezione mascherata, concepita dal Divino per insegnarci qualcosa che ci aiuterà a uscire dalla nostra sofferenza. Purtroppo ci fidiamo della mente, questo

I mostri della mente

nemico che cerca continuamente d'ingannarci! Consideriamo questa mente folle come la nostra migliore amica e ascoltiamo ogni sua assurdità.

Amma sa di cosa abbiamo bisogno per raggiungere quello stato in cui possiamo avere una visione equanime, non dubitiamone! Potremmo però avere difficoltà a ricordare questa verità quando i nuvoloni di maya oscurano la nostra capacità di discernere. Amma dice che può essere molto facile vedere e percepire il Divino, ma estremamente arduo non cadere nelle grinfie di maya.

Dite a voi stessi: "Che io possa essere presente in questo momento e possa usare il discernimento. Tutto quello che accade ha lo scopo di insegnarmi una lezione importante". Anche se possiamo pensare che qualcuno o una situazione esterna sia l'elemento catalizzatore dei nostri problemi, non è così. Tutte le nostre sofferenze provengono dai mostri che dimorano nella mente. Cercate di controllare queste creature malvagie prima che vi inghiottano. Grazie a questo sforzo, acquisirete la forza mentale necessaria con la quale eliminare per sempre ogni negatività.

Per realizzare Dio, la meta suprema, sono necessarie molte vite dedicate a diventare buoni, con uno sforzo consapevole. Prima di lasciare questo corpo, perché non cercare di fare il possibile per vivere virtuosamente? Impegniamoci giorno per giorno, per quanto ci è possibile. Più ci sforzeremo, più sarà facile. Se facciamo del nostro meglio, la grazia di Amma ci aiuterà a conseguire il fine ultimo: realizzare Dio.

Capitolo 14

Amma dissolve ogni negatività

"Rinunciare significa avere il giusto atteggiamento. Il distacco interiore vi permette di rimanere immersi nel mondo senza esserne toccati".

– Amma

Se riusciamo a tenere la testa fuori dall'acqua quando le onde dell'esistenza minacciano di farci annegare, allora giocare tra le onde diventerà un'esperienza piacevole. Se ci sforziamo di vedere la gioia nella vita riuscendo a rimanere grati, in particolare durante i periodi difficili, la vita diventa un dono prezioso che ci condurrà sulla vetta della spiritualità. Per riuscire a farlo, dobbiamo rafforzare le nostre qualità positive, che ci aiuteranno a ridurre le tendenze negative.

Non è facile eliminare completamente il nostro egoismo.

L'unico modo per liberarci dalla sofferenza mentale e dai nostri demoni interiori è riconoscerli per quello che sono. La nostra vera natura è puro amore ma è difficile, quasi impossibile, amare chi ci irrita o infastidisce. Una ragazza che conoscevo mi confessò che quando era in collera immaginava di graffiare gli occhi delle persone. Al mondo d'oggi, un turbine di fantasie violente agita la mente di moltissime persone; persino nelle Scritture indù si parla di uno yogi che era talmente infuriato da avere incenerito un uccello con uno sguardo.

È importante coltivare il distacco interiore quando queste *vasana* (tendenze negative) emergono. Riconosciamole e sforziamoci di cambiarle, facendo anche attenzione a non odiarci quando affiorano. Affermare: "Sono ignobile perché ho questo o quell'altro difetto", rafforzerà soltanto questa negatività. Cercate di capire ciò che va cambiato e impegnatevi a farlo senza prendervela con voi stessi. Rilassatevi: tutti abbiamo dei difetti, fate del vostro meglio per correggerli.

Amma dissolve ogni negatività

Non è possibile amare tutti sempre, ma sforziamoci almeno di non arrabbiarci con gli altri quando siamo irritati. La collera e l'ego sono gli unici ostacoli che impediscono alla pura essenza del nostro amore di manifestarsi. Se permettiamo alla consapevolezza di colmare la nostra mente, non ci sarà più spazio per la collera. Essere consapevoli in ogni momento della presenza del Divino ci aiuterà ad attenuare e a dissolvere le negatività. Possono svanire in un istante, non appena le sostituiamo con un pensiero positivo.

Durante un tour alle Mauritius di qualche anno fa, un adolescente che viaggiava con noi era talvolta molto dispettoso. A un certo punto qualcuno lo rimproverò per la sua condotta: "Sei davvero disubbidiente! Sei proprio cattivo! Non dovresti comportarti così!" Mentre osservavo questa scena, pensavo che da un momento all'altro il ragazzo sarebbe andato su tutte le furie. Invece rimase sereno, distaccato e sorridente. Fui colpita dal suo autocontrollo. È estremamente difficile per un adolescente restare impassibile (soprattutto quando gli urlano contro); tuttavia, invece di arrabbiarsi e reagire, questo ragazzo era sempre rimasto calmo.

In seguito, scoprii che il giovane aveva scoperto che lì vicino c'era una "Pizza Hut" e prima del rimprovero si era recato nella pizzeria a comprare della pizza e una bibita, e le aveva portate al programma. Era talmente contento di gustare un cibo diverso da quello indiano che persino questa lavata di capo non aveva scalfito il suo buonumore. Continuando a mangiare la pizza, aveva detto con un sorriso: "Dì pure quello che vuoi, non mi importa, perché ho la mia pizza e ora sono felice!" Avevo apprezzato molto questo meraviglioso esempio di rimanere totalmente nel momento presente.

Dovremmo considerare la nostra vita allo stesso modo. Abbiamo Amma, quindi abbiamo tutto. Abbiamo molto di più della maggior parte delle persone del mondo, siamo con il più grande Mahatma mai esistito. Dovremmo cercare di vedere la nostra vita come quel ragazzo vedeva la sua pizza. Per quanto strano possa sembrare, Amma è la nostra "pizza deluxe, arricchita con ogni ben di Dio!"

La verità è davvero semplice ma molto facile da dimenticare: la mente cercherà sempre di imbrogliarci. Non dovremmo mai diventare

Amma dissolve ogni negatività

amici di questa mente volubile perché, come la legge di gravità, la sua natura è quella di attirarci in basso, verso la negatività. Prendiamo l'esempio di una pentola piena di granchi: se un granchio cerca di arrampicarsi e di uscire, gli altri lo afferreranno rapidamente e cercheranno di tirarlo giù. Se i granchi in fondo alla cesta non riescono a uscire, non permetteranno a nessuno degli altri di conquistare la libertà. Questo esempio molto noto è conosciuto come la 'sindrome del granchio'. Quando siamo molto tristi e insoddisfatti, ci sentiremo un po' più sollevati sapendo che anche altri si trovano nella nostra stessa situazione.

Molte correnti della psicologia occidentale convenzionale suggeriscono di penetrare profondamente nelle nostre emozioni, osservandole e ascoltandole fino in fondo. Le emozioni e i pensieri sono passeggeri e scaturiscono da questa mente mutevole che è radicata in maya. Poiché cambiano in continuazione, perché dare loro così tanta importanza? Prestare loro attenzione li rafforza più di quanto sia necessario, permettendogli di avere maggior presa su di noi.

Conosco una studentessa che, dopo aver studiato psicologia per un po' di tempo, si accorse che questi studi disturbavano ancora di più la sua mente. Dopo un anno di psicanalisi con un terapista che la incoraggiava a esaminare profondamente i suoi pensieri e le sue emozioni, la mente della giovane divenne talmente inquieta che dovette assumere dei farmaci per dormire la notte. Come le onde dell'oceano che si infrangono sulla spiaggia, così le nostre emozioni mutano in continuazione. Non date loro troppo peso perché non si sa dove possono portarvi. Mantenete semplicemente il distacco e fate come quando siete in spiaggia e osservate il flusso e il riflusso delle onde.

Nella mia vita ho scoperto che se impiego produttivamente tutto il mio tempo, concentrata sul servizio da compiere senza che i sentimenti personali interferiscano, ricevo tutto ciò di cui ho bisogno. Siamo inclini a credere che è importante avere continuamente dei pensieri, delle sensazioni ed essere in contatto con le nostre emozioni fugaci e mutevoli. Pensare troppo può facilmente trasportarci in un mondo di problemi immaginari che non è così meraviglioso. Immersi in un buio e torbido oceano di pensieri, verremo sbattuti

Amma dissolve ogni negatività

ripetutamente contro gli scogli. È molto meglio cercare di incanalare la nostra energia verso qualcosa di positivo o recitare un mantra, piuttosto che perdersi in pensieri illusori e ingannevoli.

Si dice che Dio abbia creato tutto in questo mondo ad eccezione dell'ego, creato dall'uomo; è per questo che esso è così forte in noi. Non possiamo vincere l'ego da soli, gli siamo troppo vicini e non riusciamo a vederlo chiaramente. Come un'ombra, ci segue ovunque. Solo la grazia di un Maestro perfetto può dissolverlo definitivamente.

Se scegliamo Amma come nostra guida, certamente i giorni di questo ego molesto sono contati. Alcuni ritengono che non sia necessario un Maestro spirituale e che si possa ottenere la liberazione da soli, ma non è proprio così. Solo una percentuale molto, molto rara di persone è in grado di seguire un cammino spirituale senza un Maestro. La maggior parte di noi non può farcela. La bellezza di avere un Guru è che può allontanarci dal nostro ego e rimuovere tutte le sofferenze e il dolore, sostituendoli con l'amore.

Capitolo 15

Il servizio disinteressato attrae la Grazia

"È davvero molto semplice. Non occorre scegliere tra l'essere gentili con se stessi e l'esserlo con gli altri. Si tratta della stessa cosa".

– *Piero Ferrucci*

Amma ci ricorda che il sole non ha bisogno della luce di una candela; allo stesso modo Dio non ha bisogno di nulla da noi perché è Lui a donare ogni cosa. Dovremmo capire che siamo noi i primi a trarre beneficio dal fare del bene e dal porci al servizio degli altri. La grazia fluisce verso chi aiuta con altruismo e attua i principi spirituali nella vita, pur non essendo una persona "religiosa". Una delle lezioni più importanti che ho appreso da Amma è che il servizio disinteressato ha il potere di aprire un canale di Grazia divina.

Se qualcuno viene da voi e vi prega di dargli una mano, non rifiutate. Dio, sotto mentite spoglie, vi sta offrendo un'opportunità per aprire il cuore e dissolvere il vostro egoismo. Spesso occorre solo un piccolo aiuto, che non richiede molto tempo o impegno. Non sapremo mai quanta grazia potremmo acquisire con questo gesto. Riceviamo più benedizioni nell'aiutare gli altri che meditando per settimane. Sono i piccoli compiti, semplici e poco appariscenti, a far fluire la grazia verso di noi. Amma ha ripetuto più volte che si ricorderà sempre di chi offre sinceramente il proprio aiuto, soprattutto se non è tenuto a farlo.

Durante il tour europeo del 2013 era stato previsto che, in viaggio per l'Olanda, ci saremmo fermati nel tardo pomeriggio in un parco vicino a un lago e lì Amma avrebbe servito la cena a tutto il gruppo. Il menù era già stato deciso: patatine fritte e un piatto indiano a base di palline di riso cotte a vapore con un ripieno dolce. Mentre aspettavamo l'arrivo dell'autobus con lo staff, i volontari addetti alla cucina cominciarono a preparare l'occorrente per la cena, collocando su un prato dei fornelli con pentoloni contenenti l'olio bollente per friggere le patatine. Attendemmo l'autobus per più di un'ora e il piacevole pomeriggio si trasformò in una serata terribilmente ventosa, buia e fredda. A questo punto Amma decise di riprendere il viaggio e raggiungere la hall del programma.

Mentre uscivamo dal parco, vidi, con rincrescimento, che il personale della cucina non aveva finito di riporre sul furgone tutto il materiale: sul prato c'erano ancora i fornelli con le grandi pentole di olio bollente e numerosi ingredienti sparsi tutt'attorno. Mi chiesi come avrebbero potuto trasportare in maniera sicura queste pentole con l'olio. In qualche modo ci riuscirono.

Giunti nella sala del programma, Amma decise di servire la cena a tutti i presenti, che erano più di 400! I volontari addetti alla cucina cominciarono a friggere le patatine e in un lampo prepararono la cena che Amma distribuì per la gioia di tutti. Molte persone venivano servite per la prima volta da un Maestro spirituale (secondo la tradizione, dovrebbe essere il contrario, ma Amma non segue mai questa usanza, è sempre lei a servirci). Sul finire della serata, poco prima di alzarsi, Amma allungò la mano verso quella del volontario per il quale mi ero sentita più dispiaciuta, il capo cuoco che aveva organizzato la difficoltosa preparazione del pasto. Prendendogli la mano, gliela baciò. Questo gesto commosse profondamente il giovane.

Quando non chiediamo nulla in cambio, riceviamo molto più di quanto potremmo mai sperare. Non è necessario che Amma ci noti o sappia che stiamo lavorando, la sua grazia fluisce spontaneamente al momento giusto. Questa è una delle lezioni più belle: donando, riceviamo molto di più. Se per tutta la vita prendiamo soltanto, cosa otterremo alla fine? Sperimentare il valore del donare, riempirà automaticamente di gioia il nostro cuore e riceveremo una ricompensa mille volte maggiore.

Quando smettiamo di pensare a noi stessi e cominciamo a rivolgere la nostra attenzione agli altri, scopriamo che il Divino provvede a tutto ciò che ci occorre. Forse non avremo tutto quello che vogliamo o desideriamo, ma se guardiamo con gli occhi della fede, ci accorgeremo che le nostre necessità vengono sempre prese in considerazione. Se qualcuna di esse non viene soddisfatta, vuol dire che il Divino ci sta insegnando una lezione preziosa.

Recentemente un devoto molto impegnato nel servizio raccontò cosa gli accadde quando il suo costume da bagno stava cadendo a pezzi e avrebbe dovuto procurarsene un altro. Di punto in bianco l'assistente personale di Amma lo chiamò e gli disse che Amma aveva qualcosa per lui. L'uomo era un po' confuso... cosa poteva avere Amma per lui? Togliendo l'elastico e aprendo il pacchettino che gli consegnarono, vide il vecchio costume da bagno che aveva perso ad Amritapuri due anni prima! Un devoto delle Mauritius lo aveva dato ad Amma, dicendole che qualcuno l'aveva dimenticato a un programma (come questo costume da bagno fosse arrivato fino alle Mauritius è un mistero), e Amma ora glielo stava restituendo... al momento opportuno. Il volontario apprezzò il modo di operare di Amma, che ci dà sempre ciò di cui abbiamo bisogno al momento giusto.

Accettate completamente ciò che vi accade e siate contenti di quello che avete. Ricordare che il Divino si occupa sempre di noi è la migliore regola di vita.

Se a volte ci sembra di non ricevere tutto ciò di cui abbiamo bisogno o se, nonostante le nostre buone azioni, continuiamo a soffrire senza motivo, ricordiamoci che quello che sperimentiamo ora è il risultato delle azioni compiute in passato.

Dobbiamo essere abbastanza forti per affrontare ogni situazione che la vita ci presenta, ricordando che le difficoltà sono benedizioni camuffate. Se resistiamo a tutto ciò che ci accade, soffriremo sempre. Spesso pensiamo: "No, questo è sbagliato, è un errore. Non è giusto, non è corretto!" Ogni situazione è finalizzata alla *nostra* crescita e a farci scoprire i nostri talenti nascosti. Tenendolo a mente, il viaggio della vita sarà molto più facile.

Se ci sforziamo di fare del bene alle persone, un giorno questo bene ci verrà restituito. Non possiamo cambiare il passato, ogni azione che abbiamo compiuto produce una reazione (effetto) che ora dobbiamo sperimentare. Non si può sfuggire a ciò che è in serbo per noi, ma come ci comportiamo adesso determinerà il nostro futuro. Comprendendo la legge del karma, anche se non possiamo cancellare il passato, possiamo intervenire sul presente tenendo a freno le nostre reazioni negative.

Se preghiamo e ci sforziamo di trasformare le nostre cattive abitudini facendo del bene, la grazia del Satguru potrà ridurre una parte del karma negativo che ci è destinato. Non verrà rimosso interamente perché a volte è necessaria la sofferenza per imparare una lezione importante. Se ci impegniamo costantemente a essere buoni, Amma potrebbe ridurre notevolmente la nostra sofferenza.

Ognuno riceve sempre dal Divino esattamente ciò di cui ha bisogno. Eseguendo le pratiche spirituali correttamente e pregando per gli altri, svilupperemo un atteggiamento mentale che ci farà ricordare tale verità. Questo è l'aspetto meraviglioso del servizio: più doniamo, più riceviamo.

Capitolo 16

Il Divino si prenderà sempre cura di noi

"Se pensiamo all'oggi, Dio penserà al domani".

– *Mahatma Gandhi*

Abbiate fiducia che il Divino sa come provvedere a ogni creatura. Gli esseri umani sono gli unici, in tutta la creazione, a preoccuparsi continuamente di se stessi. Quando confidiamo che riceveremo ciò di cui abbiamo bisogno, potremo concentrare la nostra energia nell'aiutare gli altri.

Nella Bibbia Gesù dice: "Perciò vi dico: non affannatevi per la vostra vita, per quello che mangerete o berrete, e neanche per il vostro corpo, o per quello che indosserete. La vita non vale forse più del cibo e il corpo più del vestito? Guardate gli uccelli del cielo: non seminano, né mietono, né ammassano nei granai; eppure il Padre vostro celeste li nutre. Non contate voi forse più di loro? E chi di voi, per quanto si dia da fare, può aggiungere un'ora sola alla sua vita?

E perché vi affannate per il vestito? Osservate come crescono i gigli del campo; non lavorano e non filano. Eppure io vi dico che neanche Salomone, con tutta la sua gloria, vestiva come uno di loro. Ora, se Dio veste così l'erba del campo, che oggi c'è e domani verrà gettata nel fuoco, non farà assai più per voi, gente di poca fede? Perciò non affannatevi dicendo 'Che cosa mangeremo? Che cosa berremo? Con cosa ci vestiremo?'" (Matteo 6:25-32)

Molti anni fa, un uomo molto devoto ricevette la notizia che probabilmente avrebbe perso il suo lavoro. Poiché a quei tempi era difficile trovare un posto come ingegnere, sapeva che solo la grazia avrebbe potuto aiutarlo. Amma era impegnata nel tour europeo, così cercò su Internet la località in cui lei stava tenendo il programma e compose il numero di telefono indicato nella voce "Contatti". Dato che Amma si trovava in quella città, l'uomo pensò che, molto probabilmente, il volontario locale sarebbe stato talmente impegnato da non poter rispondere al telefono.

Tuttavia, quando chiamò, il volontario rispose immediatamente. Il devoto gli chiese se poteva parlare con un particolare swami che, "per caso", era proprio lì vicino in quel momento. Lo swami parlò con lui e disse che avrebbe informato Amma del suo licenziamento.

Cinque minuti più tardi, il datore di lavoro gli comunicò ufficialmente il licenziamento. Il devoto richiamò immediatamente lo swami che gli raccontò che non appena era entrato nella stanza di Amma, prima ancora di poterle riferire il messaggio, Amma aveva esclamato: "Mio figlio ingegnere ti ha appena chiamato perché è preoccupato per il suo lavoro. Non deve preoccuparsi, penserò io a tutto".

L'uomo aveva completa fiducia che Amma si sarebbe presa cura di lui e, felice, decise di impiegare il suo tempo libero prestando servizio disinteressato all'ashram di San Ramon. Fu proprio allora che la moglie di un ingegnere si recò a San Ramon e gli chiese se conoscesse qualcuno che cercava lavoro. Stava cercando una persona che avesse proprio le sue competenze.

Senza chiedere, ci viene dato tutto quello di cui abbiamo bisogno. Se ci sforziamo di accettare con fiducia e fede quanto ci viene dato, senza esigere altro, ci accorgeremo della pioggia di benedizioni che scende costantemente su di noi.

Il Divino ci ama veramente e sa cosa è meglio per noi, ma come bambini, noi "vogliamo solo quello che vogliamo" e non ci accorgiamo delle benedizioni in ciò che riceviamo. Un'insegnante, devota di Amma, mi ha raccontato una storia che riguardava uno dei suoi studenti:

> "Nella classe dell'anno scorso, avevo un allievo che giocava a calcio ed era bello, affascinante, socievole, molto intelligente ma terribilmente indisciplinato. Ogni giorno entrava in classe allegro e giocoso ma quando bisognava impegnarsi nello studio cominciava a protestare e a lamentarsi pesantemente.
>
> "Professoressa, odio questa lezione, richiede troppo studio, non ce la faccio, non ci tento neppure, in ogni caso non ci riuscirò, lei la rende troppo difficile". Ogni giorno era la stessa storia.
>
> Sebbene mi mostrassi a volte gentile, a volte inflessibile, oppure compassionevole

o severa, gli ripetevo sempre: "Sì, puoi farcela e ce la farai".

Devo ammettere che a un certo punto ne avevo abbastanza di tutte queste lamentele... era una battaglia che durava ormai da mesi. I suoi voti si abbassarono: se non avesse raggiunto la sufficienza, non avrebbe più potuto giocare a calcio e così, nel pomeriggio, alla fine delle lezioni, l'aiutavo a recuperare le insufficienze. L'indomani mattina, però, riprendeva con le solite lamentele.

Esasperata, decisi infine di separarlo dai suoi amici e di mandarlo in un'altra stanza per aiutarlo a concentrarsi. La sua collera e la sua ostilità aumentarono, ma ogni volta continuavo a inviarlo a studiare da solo in un'altra aula. Infine, quando nessuno di noi se l'aspettava, Amma entrò in scena nel suo caratteristico modo velato.

Il giovane cominciò a fare il pagliaccio e io esclamai: "Bene, ora vai subito di là!" Iniziò a piagnucolare e a lamentarsi e io continuai: "Sai qual è il *vero* problema?" Parlavo seriamente e lui lo sapeva.

"No, qual è il vero problema?", mi chiese.

"Mio caro, il vero problema è che tu pensi che io ti stia punendo ma non è così. Il vero problema è che tu non sai che *questo è amore*". Il ragazzo si fermò improvvisamente in mezzo alla classe… non si sentiva volare una mosca. Potevo vedere le rotelline del suo cervello girare.

Mi guardò sorpreso: "Veramente, professoressa?"

Risposi: "Sì caro, questo è amore, ora torna a studiare".

Si sedette lontano dagli amici, impegnandosi a fondo per tutto il resto dell'ora. Al termine, mi avvicinai alle sue spalle e gli misi la mano sulla testa dicendo: "Vedi, fai un ottimo lavoro quando ti applichi. Hai solo bisogno della spinta iniziale".

Mi piacerebbe ora dire che da allora smise di lamentarsi, ma non sarebbe vero. Combinò ancora qualche guaio ma da quel giorno mi bastava guardarlo negli occhi, chiamarlo per nome e potevo vederlo ricordarsi delle parole "questo è amore" per calmarsi di nuovo.

Anch'io ho ricevuto una benedizione inaspettata: appena mi accorgo che mi sto lamentando per quello che il Divino mi offre, mi sembra di udire la voce di Amma che dice: "Sai qual è il vero problema? Il vero problema è che *non sai che questo è amore!*"

A volte questa verità può essere dura da ricordare, soprattutto nei momenti difficili, ma se riusciamo ad abbandonarci alla volontà Divina e a scoprirvi l'amore, allora le nostre vite saranno sicuramente benedette. Talvolta il mondo esterno assomiglia a una guerra, ma Amma ci ricorda che il vero campo di battaglia è dentro di noi. Sono le emozioni negative come la paura, la rabbia, la gelosia e la mancanza di fede i nostri veri nemici.

Amma è come Sri Krishna, che conduce il nostro carro in questa battaglia interiore e attende pazientemente che le chiediamo di guidarci. Dovremmo coltivare l'abitudine di pregare, parlare con il Divino e instaurare un dialogo interiore con il nostro vero Sé, invece di ascoltare il chiacchiericcio dei pensieri negativi che cerca di fuorviarci. Se rimaniamo centrati senza essere travolti dai pensieri e dalle emozioni, otterremo più chiarezza e controllo mentale e troveremo le risposte che cerchiamo; esse sono già in noi e aspettano pazientemente di poter affiorare quando gliene diamo la possibilità.

Capitolo 17

Trovare il nostro vero dharma

"C'è una meravigliosa legge della natura, legata al mito, secondo la quale è possibile ottenere le tre cose che desideriamo di più nella vita - la felicità, la libertà e la pace della mente - donandole agli altri".

– Peyton Conway March

Nella vita, il nostro vero dharma è sapere chi siamo e servire il prossimo. Tutti noi desideriamo che il nostro futuro sia felice, ma la possibilità che questo desiderio si realizzi, dipende da quello che facciamo nel momento presente. Il presente è tutto quello che abbiamo, ecco perché è importante fare adesso delle buone azioni. È davvero molto semplice, perché dunque continuiamo a complicare così tanto le cose?

Siamo qui per vivere in modo onorevole e comportarci gentilmente ogni volta che possiamo. Vivere e agire secondo il dharma è molto più importante che cercare di dare un senso ai nostri pensieri e alle nostre emozioni mutevoli. Rivolgiamo troppa energia all'instabile mondo dei pensieri e dei sentimenti. Ricordatevi che qualcuno si prende sempre cura di voi, quindi non perdete tempo a preoccuparvi. In effetti, pochissime delle cose di cui ci preoccupiamo accadono veramente. Invece di pensare solo a noi stessi, usiamo la nostra energia per mostrare attenzione verso gli altri. Sforzandoci di vivere in sintonia con questi alti ideali, troveremo la pace.

Un giorno, mentre eravamo in viaggio negli Stati Uniti, Amma chiese a un bambino che era con noi: "Perché sei nato?"

"Mmm, non lo so", disse il bambino.

Amma rispose allora per lui: "Sei qui per sapere chi sei e per aiutare gli altri. Ripetilo cinque volte".

Egli ripeté: "Per sapere chi sono e per aiutare gli altri. Per sapere chi sono e per aiutare gli altri. Per sapere chi sono e per aiutare gli altri.

Trovare il nostro vero dharma

Per sapere chi sono e per aiutare gli altri. Per sapere chi sono e per aiutare gli altri".

"Non dimenticarlo mai", raccomandò Amma in tono serio, e disse al bimbo di ripetere quella frase cinque volte al giorno in modo da ricordarla sempre.

Questo è il nostro dharma nella vita: sapere chi siamo e aiutare gli altri.

In genere, ci piace essere al corrente di quello che succede agli altri, ma raramente ci chiediamo *chi siamo*. Cerchiamo le risposte all'esterno e mai dentro di noi. È proprio questa indagine interiore a dare significato al cammino della vita: siamo qui per capire chi siamo veramente e perché siamo qui.

Seduti di fronte ad Amma, possiamo godere della sua attenzione per un po' di tempo ma questo non basta: per raggiungere la vera pace interiore, dobbiamo guadagnarci la grazia di riuscire a controllare la mente. Questo è il compito fondamentale, ma anche il più difficile.

Amma può sorriderci e infondere in noi il suo amore per qualche tempo, donandoci una beatitudine temporanea, ma questo non è lo scopo finale. Lo scopo è dimorare per sempre in quella beatitudine e, per fare questo, dobbiamo immergerci profondamente in noi stessi, fino alla sorgente del nostro essere. Oggigiorno, molti giovani sono alla ricerca di "se stessi" ma, pur avendo questo obiettivo, la maggior parte di loro finisce per scegliere la direzione sbagliata. Servono molta forza e un grande coraggio per seguire il sentiero che conduce alla vera meta, al nostro vero sé, il Sé eterno che è uno con il Divino.

Una volta mi è capitato di partecipare a un seminario sulla leadership. Ricordo che molti dei presenti espressero il desiderio di diventare dei leader. Tutti sembravano molto impazienti e ansiosi di scoprire il segreto per riuscirci. Il relatore parlò a lungo.

Devo ammettere che lo trovai piuttosto noioso. Niente di quello che diceva attirò davvero la mia attenzione, finché, verso la fine, disse: "Scoprite qual è il vostro talento nella vita, quello in cui riuscite meglio, e usatelo per servire gli altri". Udendo queste parole, pensai che fosse valsa la pena di rimanere lì seduti per tutto quel tempo solo per ascoltare quella frase.

Trovare il nostro vero dharma

Queste parole mi rimasero impresse nella mente: il nostro ruolo dharmico nella vita è scoprire quali sono i doni che abbiamo ricevuto e metterli al servizio degli altri. Così hanno vissuto in questo mondo molti grandi leader e così vive Amma stessa.

Quand'era giovane, Amma ha scoperto di avere il dono di saper confortare gli altri e ha dedicato quindi tutta la sua esistenza a questo scopo, seguendo fino in fondo il cammino conforme al suo dharma.

"Amma, qual è il mio dharma? A che tipo di seva/lavoro/percorso di studi dovrei dedicarmi?", chiedono molte persone. La cosa più importante non è cosa facciamo ma come lo facciamo. L'intenzione con cui compiamo un'azione è ciò che conta di più. Il lavoro che svolgiamo non dovrebbe definire chi siamo. La cosa più importante è servire gli altri come meglio possiamo, impiegando al meglio i nostri talenti.

Ottenere la grazia divina è facile, ma diventare una persona veramente buona è molto più difficile. Fare la cosa giusta in ogni circostanza, agire solo in modo disinteressato e pensare sempre bene degli altri, domando la bestia selvaggia che dimora nella nostra mente, è un'impresa titanica, ma non dobbiamo avere paura. Non è necessario essere schiavi o sacrificarsi sempre per gli altri. Non è sbagliato provvedere prima ai propri bisogni.

Dopotutto, per diventare un autentico essere umano, occorre uno sforzo enorme e costante. La ricerca dell'essere umano che si trova dentro di noi può durare tutta la vita. Per portare a termine questa impresa ci vuole uno spirito eroico.

Un giorno, un devoto ci ha raccontato questa storia:

> "Quand'ero piccolo, i miei genitori erano entrambi alcolisti. La violenza, le droghe e l'alcol erano le uniche cose che conoscevo. Durante l'adolescenza cominciai a bere e presto iniziai ad assumere delle droghe. In breve tempo, mi ritrovai a bere e a fumare ogni notte per quasi vent'anni. Ero smarrito, logorato da queste dipendenze. Cercai più volte di smettere, ma non ero abbastanza forte. Consumato dall'egoismo e dall'odio verso me stesso, mi sentivo in pace solo sotto l'effetto delle sostanze.

Trovare il nostro vero dharma

Quando arrivai da Amma, la mia vita cambiò. Sentii con lei una connessione immediata e rimasi sopraffatto dal suo amore. Compresi immediatamente che ciò che lei voleva da me era qualcosa di più che perdermi nella droga e nell'alcol. Smisi di assumere queste sostanze la sera stessa in cui ricevetti il primo abbraccio e da allora non ne ho più fatto uso.

Quando la osservo dare il darshan, sono veramente ispirato dall'amore e dall'affetto che infonde in chiunque. Amma mi ha dato la forza di liberarmi delle mie abitudini distruttive e mi ha ispirato a impiegare il mio tempo ad aiutare gli altri. Invece di bere, ora trascorro le mie serate a fare volontariato. Amma mi ha condotto sul cammino dell'amore vero e della pace interiore".

È estremamente raro trovare dei modelli capaci di ispirarci. Nella vita, quasi nessuno si lascia guidare dai valori più alti e dalle intenzioni più nobili. Pace, amore e compassione non devono restare lettera morta; dobbiamo cercare di esprimere questi valori attraverso le nostre azioni.

Non basta pensare che domani faremo grandi cose, è nel presente, in questo preciso momento, che dobbiamo agire. Non dovremmo sprecare la nostra vita progettando di cambiare nel futuro e inventando delle scuse per evitare di comportarci meglio nel presente. Lasciamo andare tutti i "ma... se solo... quando tutto questo cambierà...". Amma ci ricorda che questa vita non è una prova generale, lo spettacolo è già in scena, qui e ora.

Impegnatevi ad agire secondo gli ideali più alti (sapete che dovreste farlo!), altrimenti sprecherete la vostra vita. Se la impieghiamo in attività futili, la nostra energia si esaurisce molto velocemente; dedichiamoci a servire gli altri facendo del nostro meglio. Se riusciamo a perseverare in questo sacro proposito, otterremo la grazia della mente e troveremo dentro di noi la vera pace a cui tutti aspiriamo.

Avere compassione non è difficile come pensiamo; al contrario, è un nostro diritto di nascita e la nostra salvezza. Quando Amma offre un'istruzione gratuita ai bambini privi di mezzi, attraverso delle borse di studio, pone una condizione: al termine degli studi, quando avranno trovato il proprio posto nella vita, questi giovani dovranno a loro volta aiutare altri bambini indigenti a continuare gli studi. In tal modo, Amma crea un bellissimo effetto farfalla, che permette ai doni della vita di passare da una persona all'altra. Abbiamo ricevuto innumerevoli benedizioni, esprimiamo quindi la nostra gratitudine servendo gli altri.

In teoria, il messaggio di Amma è molto semplice: impegnatevi ad amare tutti e a servire gli altri al meglio delle vostre possibilità. In ogni azione e a ogni respiro, Amma fa esattamente questo. Anche noi, con un piccolo sforzo e con la guida e la grazia di Amma, troveremo dentro di noi il suo straordinario amore.

Capitolo 18

Avere un po' di fede

*"Tu non sei una goccia nell'oceano,
sei l'oceano intero in una goccia".*

— *Rumi*

Ogni volta che sono stati condotti dei sondaggi per stabilire chi sia più felice tra i credenti e le persone che non hanno fede, è sempre emerso che i più felici sono quelli che credono in un potere superiore.

Nessuno può costringerci ad avere fede, siamo noi a doverla sviluppare. Se abbiamo una fede sincera in Dio o nel Guru, niente e nessuno potrà scuoterci. La vera fede è incrollabile e immutabile. Per coltivarla, dobbiamo ascoltare il nostro cuore, la nostra mente e il nostro intelletto senza esercitare nessuna forza. La fede nasce spontaneamente in noi quando percorriamo il cammino dell'amore.

Alcune persone pensano: "Non posso credere ciecamente che Amma sia il mio Guru, glielo devo chiedere". Vanno quindi da lei e, durante il darshan, le chiedono: "Amma, sei tu il mio Guru?" Amma è così naturalmente umile e compassionevole che non si indispone quando le chiediamo se è il nostro Guru. Scendendo al nostro livello, risponde benevolmente: "Sì figlio, sono il tuo Guru".

Amma è il più grande Maestro spirituale che sia mai esistito. Se usiamo la nostra consapevolezza e il nostro discernimento, ci renderemo conto di quanto sia evidente questa verità. Guardate, osservate e sentite la sua forza: le potenti vibrazioni che emana ci mostrano chi è veramente. Considerate il modo in cui ha vissuto la sua vita.

Amma può certamente guidarci dalle tenebre alla luce, ma sono necessarie anche la nostra cooperazione e la nostra consapevolezza.

Alcuni riescono a percepire naturalmente la presenza divina delle grandi anime perché hanno già una base spirituale. Queste persone si possono sintonizzare facilmente sulle vibrazioni provenienti da un Maestro illuminato. Tuttavia,

molti altri potrebbero non aver raggiunto questo livello di consapevolezza e vedere Amma semplicemente come una dolce donna che dispensa grandi abbracci e gestisce una straordinaria rete umanitaria. In definitiva, per Amma non fa differenza cosa la gente pensi o dica di lei, perché fluisce nel mondo come un impetuoso fiume d'amore, conducendoci, se lo vogliamo, alla sua sorgente. Ciò che scegliamo di fare con la sua acqua vivificante dipende esclusivamente da noi; il fiume scorre, semplicemente.

Un Satguru vede il passato, il presente e il futuro. Quando Amma ci guarda, conosce ogni cosa in tutte queste dimensioni e, se occorre, può sintonizzarsi su piani diversi. Ciò non significa che lei usi la sua conoscenza per giudicarci. Amma è sempre comprensiva e compassionevole.

Per contro, quando noi la guardiamo, non riusciamo a ricordare il passato, prevedere il futuro o anche solo dimorare nel presente per più di pochi secondi. La guardiamo e, a causa delle nostre capacità limitate, ci chiediamo: "Mi conosce davvero? Capisce veramente quello che mi succede?' Sì, Amma è in grado di farlo, non abbiate dubbi. Moltissime persone sono state benedette e hanno potuto fare l'esperienza diretta della sua onniscienza.

Quando il fratello di Amma era adolescente, non aveva mai fumato o bevuto. Un giorno, un amico che abitava nelle vicinanze lo invitò a fumare. Il giovane non sapeva cosa fare: sentiva che fumare era sbagliato e non voleva che Amma scoprisse che era tentato di farlo ma, allo stesso tempo, era emozionato all'idea di provare. L'amico allora gli disse: "Vediamoci qui domani e ti porterò una sigaretta per fartela provare".

Il mattino dopo, mentre il fratello mungeva le mucche, Amma gli si avvicinò e gli chiese: "Fumi?" Raggelato, lui non rispose. Lei continuò: "So che non fumi… quindi NON INIZIARE!" Il ragazzo rimase sciocato dal tono di ammonimento nella sua voce. Anche se non aveva mai provato, aveva deciso di farlo proprio quel giorno. Capì che quella mattina Amma era andata da lui per aiutarlo a non deviare dalla buona strada. Da quel momento, fu sempre attento a non comportarsi male e a non imboccare la strada sbagliata.

La maggior parte dei famigliari di Amma non ha molte occasioni per trascorrere del tempo con lei come accadeva durante l'infanzia. Può passare molto tempo prima che Amma li chiami per parlare con loro e a volte questo può rattristarli. Può capitare che il fratello di Amma pensi: "Non sto facendo nulla di sbagliato, ecco perché Amma non mi chiama. Se mi comportassi male, mi chiamerebbe". Quando gli viene voglia di fare qualcosa che Amma sicuramente non approverebbe, lo dice prima mentalmente a lei e poi ne parla alla moglie.

Un giorno, era così frustrato per il fatto che Amma non lo chiamava, che alla fine decise di provare a fumare. Come sempre, lo comunicò prima mentalmente ad Amma e poi alla moglie che, sebbene fosse sorpresa, non disse nulla. Dopo qualche istante, squillò il telefono. La donna si rifiutò di rispondere e così dovette rispondere lui. In linea c'era Amma che gli chiedeva di andare da lei. Anche se quella di fumare era solo una vaga minaccia, Amma l'aveva chiamato subito.

Questo non significa che dovremmo minacciare di compiere delle cattive azioni per attirare l'attenzione di Amma, ma questo episodio ci mostra quanto lei ci capisca e tenga a noi. Amma prega sempre che ci comportiamo nel modo giusto. Il suo unico desiderio è che possiamo camminare sul sentiero dell'amore osservando il dharma.

Non esiste un'offerta più alta che prendere rifugio ai suoi piedi di loto. Cercate pure un altro Guru ma in questo mondo non ne troverete uno migliore. Amma è la testimone silenziosa di ogni cosa e riversa costantemente su di noi grazia, benedizioni e amore, offrendoci molto più di quanto possiamo comprendere.

La madre che ci ha generato si prenderà cura di noi per alcuni anni, ma Amma ha promesso di tornare da noi fino alla fine dei tempi per guidarci alla meta finale: la liberazione dalla sofferenza. Lungo il cammino, Amma non ci forzerà, ci terrà semplicemente per mano. Se esitiamo, potrebbe spronarci ad affrontare delle situazioni che preferiremmo non affrontare, ma il potere del suo amore è così forte da aiutarci a superare ogni difficoltà.

Nella vita, le persone vengono ferite da moltissime esperienze. Più di ogni altro rimedio, l'amore ha il potere di guarirci, ed è proprio questo che Amma ci offre.

Amma è la manifestazione del nostro vero Sé. Lei è già piena e completa e non desidera nulla da nessuno, nemmeno l'amore o la devozione. In realtà, siamo noi ad avere bisogno di Amma e a ricevere dei benefici dalla nostra fede in lei. Il suo amore e la sua guida porteranno solo gioia nella nostra vita.

Tutti noi possiamo raccontare delle storie meravigliose sulla nostra esperienza con Amma ma tendiamo purtroppo a dimenticarcene troppo in fretta. Dando ascolto alla mente volubile e alle incostanti opinioni altrui, pensiamo: "Forse Amma non è davvero un'illuminata, fa dei favoritismi, non mi degna di uno sguardo mentre invece parla tutto il tempo con quella persona!", o adduciamo altri futili motivi. Amma non si lascia coinvolgere nelle nostre sceneggiate, anche se a volte possiamo pensare il contrario. Certo, può esprimere tristezza o collera, ma interiormente è imperturbabile.

Completamente stabilita nella conoscenza suprema, Amma è continuamente in relazione con il Divino presente in ogni atomo della creazione. La liberazione è uno stato elevato della mente, ecco perché si dice che non bisognerebbe mai giudicare un Maestro: la loro mente funziona in modo diverso dalla nostra. Quando ci permettiamo di fermarci e di osservare Amma in modo obiettivo, la verità diventa evidente: Amma è semplicemente l'incarnazione dell'amore puro.

Non possiamo sfuggire all'amore: prima o poi, dovremo tutti arrenderci a questa verità e diventare una personificazione dell'amore.

Amma è un messaggero d'amore, la manifestazione del potere puro e dell'altruismo, ed è qui per guidarci dall'oscurità alla luce e per ricordarci chi siamo veramente.

La cosa più importante che ho imparato da Amma è che la forza dell'amore è veramente la risposta a ogni domanda.

www.ingramcontent.com/pod-product-compliance
Lightning Source LLC
Chambersburg PA
CBHW060156050426
42446CB00013B/2857